DANKE...

... allen Menschen, die immer ehrlich und wahrhaftig an mich geglaubt und mich mit allem was ich bin geliebt haben – und dies immer noch tun.

Ihr seid mein Anker.

FSC
www.fsc.org
MIX
Papier aus verantwortungsvollen Quellen
Paper from responsible sources
FSC® C105338

Bibliografische Information der Deutschen Nationalbibliothek:
Die Deutsche Nationalbibliothek verzeichnet diese Publikation in der Deutschen Nationalbibliografie; detaillierte bibliografische Daten sind im Internet über dnb.dnb.de abrufbar.

Herstellung und Verlag: BoD – Books on Demand, Norderstedt

ISBN: 9-783759-749796

https://starsforfuture.ch/
https://asmoun-nomade-travel.jimdosite.com/

AUF DEN SPUREN MEINER SEELE

Warum ich dieses Buch schreibe

Ich möchte Dich ermutigen, immer wieder auf diese Stimme zu hören, die Du nicht mit Deinem physischen Ohr, sondern nur mit Deinem Herzen wahrnehmen kannst. Ich möchte Dir zeigen, dass es auch für «Normalsterbliche» möglich ist, Grenzen zu sprengen und Berge zu versetzen.

Und zwar erzähle ich Dir nicht etwas, was ich in einem Buch gelesen oder an einem Vortrag gehört habe, sondern ich erzähle Dir aus meinem Leben.

Glaube immer an Dich und gib nie auf, solange Du diese Stimme wahrnehmen kannst. Du bist viel grösser, machtvoller und stärker als Du Dir vorstellen kannst. Du bist Schöpfer Deines Lebens.

MIRIAM SCHAWALDER

Auf den Spuren meiner Seele

Vertraue immer auf diese Stimme, die aus Deinem Herzen zu Dir spricht. Auch wenn sie für Deinen Verstand noch so verrückte Dinge sagt.

Mit Illustrationen von
Miriam Schawalder, seelenfotografin

Einleitung

Da sitze ich nun also. In diesem Flugzeug nach Marrakesch. Alleine. Und ich habe keine Ahnung, was mich auf diesem, meinem dritten Wüstenabenteuer erwartet. Verschiedene Gründe haben mich zu dieser Reise bewogen. Einerseits eine unbändige Sehnsucht, andererseits Flucht, aber auch das Gefühl, alte Wunden zu heilen und das riesige Bedürfnis nach Stille, Alleinsein, Zeit für mich, Zeit für meine Gedanken, Zeit für meine Gefühle.

Der Hinflug ist bereits voller Zauber und Magie. Wir fliegen lange Zeit mit der Sonne mit, was mir einen gefühlt ewig andauernden Sonnenaufgang beschert. Irgendwann ist die Sonne schneller und verzaubert die Wolkendecke in die wundervollsten pastellfarbenen, engelsgleichen Bilder. Entlang des Ozeans wirft die Sonne einen breiten, goldenen Lichtstrahl ins Wasser und rückt die spielzeuggrossen Fischerboote ins Rampenlicht. Es gibt keine Worte, die ausdrücken, welche Gefühle dieses Naturschauspiel in mir auslöst. Ja, der Neumond und die Sonnenfinsternis, die exakt mit dem Start meines Fluges stattfinden, haben es in sich. Sogar zwei nebeneinanderliegende herzförmige Seen ziehen unter mir vorbei. Liebe pur. Einmal mehr. Ja, die Liebe ist allgegenwärtig auf meinen Wüstenreisen. Liebe für mich, Liebe für die Mitmenschen, Liebe für die Natur, Liebe für das Leben, Liebe für das Universelle Grosse.

Bevor ich aber zu diesem Abenteuer aufbreche, liegen bereits 45 Jahre meines Lebens hinter mir. Und davon möchte ich Dir erst einmal kurz erzählen, damit Du weisst, wer ich bin.

Die Frau am Fenster

Ich bin etwa 3 Jahre alt und wache, wie schon seit einigen Wochen, immer pünktlich um zehn Uhr abends auf. Ich weine lauthals, weil diese Frau mit den feuerroten, langen lockigen Haaren auf spitzen Kegeln wieder vor meinem Schlafzimmerfenster erscheint. Ja, sie ist wirklich furchterregend, wie sie so unangemeldet immer dasteht und mich erschreckt. Ich kann einfach nichts dagegen unternehmen. Sie kommt ungefragt, stellt sich vor mein Fenster und macht mir Angst. Sie sagt nichts. Steht einfach da auf ihren Kegeln und schaut mich an. Ich kann mir das überhaupt nicht erklären. Ich verstehe auch nicht, warum sie ausser mir niemand sehen kann. Irgendwann glauben auch meine Eltern, dass es diese Frau wohl geben muss und rufen einen Mann an, von dem gesagt wird, dass er mir helfen kann. Tatsächlich ist ab diesem Moment die Frau verschwunden. Zumindest aus meinem visuellen Feld. Doch die Erinnerung an sie wird mich noch die nächsten etwa vierzig Jahre begleiten und über all die Jahre bei jedem Gedanken an sie diesen Schauer in jeder meiner Zellen wachrufen.

«Man hat Dich geplagt». So wurden früher solche Erlebnisse erklärt. Im Erwachsenenalter wird mir aber bewusst, dass diese Frau ganz bestimmt nicht in böser Absicht gekommen ist und dass sie wohl meine erste bewusste Kontaktaufnahme in die geistige Welt war. Heute weiss ich auch, dass dieses Erlebnis und die Erzählungen dazu der Grund waren, dass ich lange Jahre davon überzeugt war, dass die geistige Welt übermächtig ist, mich immer wieder unerwartet aufsucht, mich erschreckt und nicht immer in guter Absicht kommt. Zum Glück weiss ich heute, dass ich diejenige bin, die bestimmt, wann, wie und wo ein Kontakt mit dem Jenseits stattfindet. Und dass diese Kontakte immer auf bedingungsloser Liebe basieren. Doch dazu später mehr. Und an dieser Stelle liebe Grüsse und ein grosses Dankeschön an die Frau mit den feuerroten Haaren.

Kindergarten-, Schul- und Teenie-Jahre

Ich bin ein fröhliches und aufgewecktes Kind, das oft lacht. Lachen ist mein Lebenselixier. Die Kindergartenzeit ist total unbeschwert und meine Eltern lassen mich in jeglicher Hinsicht Kind sein. Ich habe ein wohlbehütetes Elternhaus und meine Mutter ist immer zu Hause, wenn mein Bruder und ich nach Hause kommen. Wie wertvoll das für Kinder ist, werde ich erst als erwachsene Frau verstehen und meiner Mutter dafür aus tiefstem Herzen dankbar sein. Sie ist oft draussen mit uns und wir dürfen spielen, klettern, umfallen, uns im Dreck wälzen und einfach all das tun, was ein Kinderherz begehrt und was wichtig ist, um mit dem Leben in Kontakt zu kommen. Danke dafür Mami, Du bist die Beste!

Obwohl mein Papi nicht oft zu Hause ist, ist er trotzdem mein stiller Held. Wie es wahrscheinlich bei ganz vielen Mädchen der Fall ist. Ich himmle ihn an und ich denke mir, dass es wahrscheinlich niemals einen besseren Mann in meinem Leben geben wird, als ihn.

Mittlerweile bin ich neun Jahre alt. Wir ziehen in ein anderes Dorf und ich muss die Schule wechseln. Ja, eine grosse Klappe und ein fröhliches Lachen hatte ich schon immer. Aber ich bin nicht diejenige, die von sich aus auf Menschen zugehen kann. Kann ich übrigens auch heute als Erwachsene noch nicht so gut, auch wenn mir das kaum jemand glaubt. Deshalb fühle ich mich an diesem ersten Schultag an der neuen Schule ziemlich verloren und vermisse meine Freunde aus der alten Schule schon jetzt. Doch mit jedem Tag kann ich mich mehr und mehr in der Klasse integrieren und schliesse wunderbare Freundschaften.

Mit der Pubertät kommen neue Themen. Ich bin etwas pummelig, frühreif in meiner weiblichen Entwicklung und mit zwölf bekomme ich eine Brille. Ich finde mich wirklich nicht schön und dieses Ding auf der Nase gibt mir noch den Rest. Jeden Morgen steige ich mit der Brille im Gesicht aufs Fahrrad und sobald mein Elternhaus aus dem Blickfeld verschwindet, ziehe ich sie aus und verstecke sie in meiner Schultasche, weil ich mich so sehr schäme. Keine Spur von modischem Accessoire, sondern Abteilung Brillenschlange. Sowieso gehöre ich eher zur Streberfraktion. Obwohl ich das eigentlich gar nicht bin. Ich habe einfach das Glück, dass ich meistens gute Noten schreibe, ohne dafür einen grossen Aufwand betreiben zu müssen. Trotz Streberzugehörigkeit habe ich viele tolle Freunde und wir verbringen eine fröhliche und erlebnisreiche Schulzeit.

In der Schuldisco bin ich bereits mit vierzehn Jahren Stammgast. Ich liebe das Leben, ich liebe die Menschen und ich liebe die Musik. Ich feiere mit meinen Freundinnen, tanze, lache, schaue Hollywoodschnulzen und geniesse jeden Moment mit jeder Faser meines Seins.

Ebenfalls mit 14 besuche ich auch mein erstes Livekonzert. Ein kleines Konzert in der Turnhalle im Nachbardorf. Dieses Erlebnis prägt mich. Die Live-Musik lässt meinen ganzen Körper beben und erfüllt mein Herz. Sie brennt sich ein bis in die hinterste Zelle meines Wesens. Und mir wird klar, dass ich gerade etwas erlebe, was mich total erfüllt, belebt und unendlich glücklich macht. Music was my first love and it would be my last. Musik war meine erste grosse Liebe und sie wird auch die letzte sein. Ja, genau so ist es. Musik erfüllt mich mit Leben, Musik macht mich glücklich, Musik bringt mich zum Weinen, Musik verschafft mir Gänsehaut, Musik holt mein tiefstes Innerstes raus. Ein Leben ohne Musik - unvorstellbar. Zu meinem Lachen gesellt sich mit der Musik ein zweites Lebenselixier.

Langsam bin ich zu alt für die Schuldisco und entdecke das Zusammensein mit neuen Freunden in unserem Stammpub Ebenfalls besuche ich weiterhin regelmässig Konzerte. Ich liebe meine Clique, mein Pub, meine Konzerte. All das ist mein Lebensinhalt. Diese Unbeschwertheit, diese Lebensfreude, diese Lebenslust - unbeschreiblich. Die Teenie-Zeit ist echt eine unbeschreiblich erlebnisreiche und herzerfüllende Zeit und ich wünsche mir grad, dass ich niemals erwachsen werde. Danke an meine unfassbar geniale Clique, Ihr seid die Besten und Ihr werdet für immer einen besonderen Platz in meinem Herzen haben. Und danke an meine Eltern, dass ich diese Erfahrungen schon so früh machen darf und Ihr mir vertraut.

Die erste grosse Liebe

Im Teeniealter darf natürlich die erste grosse Liebe nicht fehlen. Da gibt es diesen süssen Jungen, bei dem ich immer Herzklopfen bekomme, wenn ich ihn schon aus der Ferne sehe. Einfach ein herzensguter Kerl und er sieht auch noch verdammt gut aus. Leider ist er mit einer meiner Freundinnen zusammen. Das ist grad ziemlich blöd. Aber es muss ja niemand wissen, wie sehr ich ihn mag. Einige Zeit später erfahre ich, dass die beiden getrennt sind und tatsächlich finden sich unsere Herzen. Hach, wie herrlich, diese Schmetterlinge im Bauch. Ich könnte die ganze Welt umarmen, kann kaum mehr essen und schlafen. Die erste grosse Liebe ist einfach unbeschreiblich und ich bin mir sicher, dass ich diesen Jungen irgendwann heiraten werde. Leider platzt dieser Traum vom Heiraten schon ziemlich bald. Er trennt sich von mir und mein kleines Teenieherz bricht in tausend Stücke. Ich weine schrecklich und kann mir gar nicht vorstellen, dass ich jemals wieder aufhören werde, zu weinen. Erster Herzschmerz, erster Liebeskummer. Einfach nur herzzerreissend. Ich sitze mit meiner Freundin am Fluss und schicke ihm tränenüberströmt eine Flaschenpost. Ob er sie wohl je bekommen wird? Ich habe jedenfalls heute, etwa 30 Jahre später noch nichts davon gehört, dass die Post bei ihm angekommen ist. Trotzdem hat er für immer einen Platz in meinem Herz und wenn ich ihn heute gefühlt alle zehn Jahre wieder sehe, gebe ich zu, flattert da immer noch ein einzelner Schmetterling herum, weil es mich gleich wieder in diese Zeit zurückversetzt. Danke, dass Du meine erste grosse Liebe warst.

Seelenverwandtschaft

Ein jährliches Highlight sind unsere Sommerferien auf meinem geliebten Campingplatz in bella Italia. Hach, wie sehr ich mich jedes Jahr darauf freue. Und wie sehr ich jedesmal wieder leide, wenn wir nach Hause fahren müssen. Ich habe das grosse Glück, dass wir immer mit einer befreundeten Familie hinfahren und ich so meine Freundin auch immer gleich mit dabei habe. Jedes Jahr lernen wir viele tolle Menschen aus aller Herren Ländern kennen, haben immer so viel Spass, verlieben uns, streiten uns und es ist einfach jedes Jahr eine einmalige, unvergessliche Zeit. So auch in diesem Jahr. Ich bin 16 und mache gerade das erste mal die Erfahrung, wie es ist, einen Seelenverwandten zu treffen. Ich lerne diesen Jungen kennen, schaue ihn an und denke mir: das fühlt sich irgendwie so vertraut an. So, als ob wir uns schon ewig kennen würden. Ich kann dieses Gefühl aber noch nicht richtig zuordnen. Ich fühle mich extrem verbunden mit ihm und das wird sich auch in den kommenden Jahren nicht ändern. Bei jedem Treffen bringt er meine Welt ins Wanken und ich kann nicht mehr zuordnen, wohin ich gehöre. Bei jedem Treffen immer wieder ein Gefühl von Ankommen. Es ist nicht dieses menschliche Verliebtsein. Es ist anders. Grösser. Unbeschreiblich. So ist es wohl, wenn sich Seelen treffen, die sich bereits über viele Inkarnationen immer wieder in tiefer Verbundenheit begegnen. Danke für dieses Gefühl, und diese Erfahrung, Du wunderbare Seele. Lange haben wir uns nicht mehr gesehen und trotzdem ist auch Dir ein besonderer Platz in meinem Herzen gesichert. Und ich bin mir ganz sicher, dass wir uns wieder sehen werden. Nicht nur in diesem jetzigen Leben.

Berufslehrzeit

Nach der Schulzeit, mitten im Rausch des Lebens muss ich mich entscheiden, welchen Beruf ich lernen möchte. Das ist gerade wirklich ein Muss. Wie soll ich denn jetzt schon wissen, was ich mein Leben lang arbeiten möchte? Ausserdem habe ich Besseres zu tun, als mich um die Berufswahl zu kümmern. Ich will das Leben geniessen. Da ich zu keinem Beruf eine Herzensverbindung aufbauen kann, entscheide ich mich dafür, etwas zu lernen, das gerade sehr angesehen ist. Eine Kaufmännische Ausbildung auf der Verwaltung. Und schon ziemlich bald wird mir klar: Das ist definitiv nicht meine Berufung. Die Berufsschule ist die Hölle für mich, da ich auf einmal lernen soll und ich weiss doch überhaupt nicht, wie das geht. Musste ich bis anhin ja nie. In der Schule war ich immer eine der Besten und jetzt steh ich ziemlich hinten in der Rangliste. Das bringt mein Selbstwertgefühl auf den Nullpunkt und mein Stresslevel schiesst massiv in die Höhe, weil ich Himmel und Hölle in Bewegung setze, um die Messlatte zu erreichen, die ich mir immer wieder so hoch setze, dass es eigentlich gar nicht möglich ist, sie zu erreichen. Ich spüre mehr und mehr, dass mein Leben seine Unbeschwertheit verliert und alles anstrengend und schwer wird. Ausserdem fühle ich mich immer wertloser aufgrund meiner schlechten Noten und meines Aussehens. Trotz all dieser Gedanken über mich selbst, trotz diesem inneren Stress, verliere ich nie mein Lachen, nie meine Freude an den Menschen und nie meine Dankbarkeit, auf diesem schönen Planeten sein zu dürfen. Was mir aber nicht bewusst ist: in mir fängt ein Waldbrand an zu brodeln, welcher sich über die Jahre immer mehr ausbreiten wird, dem ich aber für viele Jahre keine Beachtung schenken werde. Mit Ach und Krach schliesse ich die Ausbildung ab und fühle mich wenigstens in dieser Hinsicht wieder freier. Nun geniesse ich meine Freizeit umso mehr.

Doch der tägliche Stress, der sich bereits ausbreitet, wenn ich morgens aufwache und an die Arbeit denke, schaltet in den nächsten Gang.

Mit 21 verschlägt mich die Liebe in eine Stadt, die etwa zwei Autostunden von zu Hause entfernt ist. Die letzte Umzugsladung ist im Auto und ich verabschiede mich von meinen Eltern. Dieser Schmerz im Herzen ist kaum in Worte zu fassen. Worauf habe ich mich da bloss eingelassen? Keine spontanen Besuche mehr bei ihnen, keine spontanen Treffen mehr mit meinen Freunden. Alles ist auf meine Wochenendbesuche reduziert. Da sitz ich nun, ohne meine Familie, ohne meine Freunde und mit einem Beruf, der mich überhaupt nicht erfüllt. Heimweh ist Programm. Ich arbeite Teilzeit und so verbringe ich meine Nachmittage mit Chips und Talkshows, was mein Befinden auch nicht nachhaltig verbessert. Nach ziemlich emotionalen eineinhalb Jahren kommen wir zurück in meine Heimat und natürlich lande ich wieder in einem Büro. Denn das ist schliesslich das, was ich gelernt habe und wofür ich ein Zeugnis habe. Ich wechsle im Schnitt alle ein bis zwei Jahre meine Arbeit, weil ich immer entweder einen Chef habe, den ich nicht leiden kann oder eine Arbeit, die mir nicht gefällt. Und nach siebzehn Jahren Bürojob realisiere ich endlich: Die Chefs und die Arbeit sind überhaupt nicht der Grund für meinen beruflichen Frust. Ich bin komplett im falschen Beruf. Ich mache einfach ein Job, um Geld zu verdienen. Und endlich verstehe ich: folge Deiner Berufung.

Wer zupft denn da an meiner Bettdecke

Mit Zwanzig beziehe ich meine erste eigene Wohnung. Ein Altbau, in dem es in allen Ecken knackst und knarrt. Besonders nachts natürlich, wenn alles ruhig ist. Ich bin schon ein bisschen ein Angsthase, das gebe ich zu. Aber was ich an diesem Sonntagabend erlebe, finde ich doch sehr spooky. Mein Freund Jan ist übers Wochenende hier. Er wohnt mehr als 200km von mir entfernt und muss morgen früh um vier losfahren, um rechtzeitig bei der Arbeit zu sein. Er schläft schon und ich bin gerade auch auf dem Weg, wegzudösen, als ich dieses listige Kichern höre und jemand an meiner Bettdecke zupft. Himmel nochmal, was geht denn hier ab? In der gleichen Sekunde sitze ich senkrecht im Bett, mein Herz rast und ich bin mir sicher, dass Jan etwas zustossen wird, wenn er wie geplant losfährt. Ich wecke ihn auf, erzähle ihm, was ich gerade erlebt habe und kann kaum atmen. Er versucht, mich zu beruhigen, aber nichts hilft. Keine Nacht länger werde ich mehr in dieser Wohnung schlafen wollen. Wir packen alles zusammen, machen uns auf den Weg zu meinen Eltern und als wir aus der Strasse, in der meine Wohnung liegt, abbiegen, kann ich endlich wieder richtig atmen. Mein Vater findet mein Erlebnis richtig cool, zumal er auch öfter Dinge wahrnimmt, die andere nicht sehen oder spüren. Ich weiss nicht, was daran cool sein soll, aber ihm gefällts. Am nächsten Morgen fährt Jan verspätet zur Arbeit und kommt heil dort an. Und für mich ist es der Tag, an dem ich meine erste Wohnung bereits wieder kündige. Nach 4 Monaten. Und es ist auch der Tag, an dem mein Leben mit meinen übersinnlichen Wahrnehmungen seine Fortsetzung nimmt, nachdem dieses Thema mit dem Abschied von der Frau mit den feuerroten Haaren unterbrochen war. Immer wieder spüre ich Energien, die ich nicht zuordnen kann oder fühle mich beobachtet. Diese Erlebnisse lassen mich immer wieder erschaudern und ich weiss nicht, ob ich vielleicht ein psychisches Problem habe und mir das alles nur einbilde. Interessieren würde es mich ja schon, aber ich habe so eine Angst davor. Ein paarmal ist es nun auch schon vorgekommen, dass ich nachts jemanden in meinem Schlafzimmer hab stehen sehen und das ist nun also wirklich nicht mehr lustig. Ich finde es unmöglich, dass mich «die da oben» einfach so ohne Vorwarnung aufsuchen und mir Angst machen. Das passt irgendwie nicht zusammen.

Dein Papi ist zusammengebrochen

Heute ist ein typischer Novembertag. Trüb, kalt und nass. Ich bin nicht am Arbeiten, da ich mich nicht wohl fühle. Das Telefon klingelt. Es ist etwa sechs Uhr abends und meine Mutter und meine Tante sind gerade zu Besuch. Am anderen Ende meldet sich die Mitarbeiterin meines Vaters. Sie ist ganz aufgewühlt und den Tränen nah. Sie berichtet mir, dass mein Vater zusammengebrochen ist. Ich frage sie, ob er noch lebt. Sie sagt, sie wisse es nicht. Ob sie uns abholen soll, fragt sie. Ja gerne, denn nach dieser Nachricht kann ich gerade nicht Auto fahren. Für mich ist klar, dass ich meinen Papi nicht mehr lebend sehen werde. Meine Mutter versucht mich noch zu beruhigen, aber ich spüre irgendwie, dass auch sie etwas ahnt. Als wir im Geschäft ankommen, sehen wir eine Gruppe Menschen um meinen Vater stehen, der auf dem Boden liegt und von den Rettungskräften versucht wird, wiederbelebt zu werden. Irgendwann kommt dieser Strich auf dem Monitor mit dem hässlichen Geräusch, welches verrät, dass sein Herz definitiv aufgehört hat zu schlagen. Und das mit 48 Jahren. Er wird zugedeckt, die Menschentraube löst sich auf und die Rettungskräfte verlassen den Ort. Ich finde es schrecklich, dass man ihn einfach so auf dem kalten Betonboden liegen lässt. Es ist doch November. Es ist kalt und grau und nass. Gebt ihm doch wenigstens einen warmen Untergrund. Danach erinnere ich mich nicht mehr an sehr viel. Die nächsten Tage laufen ab wie im Film. Emotionen aus, Funktionieren an. Es gibt ja so viel zu erledigen. Am Tag der Beerdigung zeigt sich, wie viele Menschen ihn geliebt haben.

Die Kirche ist voll bis auf den letzten Platz und ein Bekannter sagt, das sei ja wie bei einem Staatsbegräbnis. Ja, er war ein besonderer Mensch.

Die nächsten Wochen und Monate nehme ich wie durch einen Nebel wahr. Ich will nicht akzeptieren, was da gerade geschehen ist. Und vorallem will ich es nicht fühlen. Denn ich habe Angst, dass ich damit nicht klarkommen werde. So stopfe ich alle Gefühle in die Schublade und versuche verbissen, eine Möglichkeit zu finden, um mit meinem Vater Kontakt aufzunehmen. Ich investiere Unmengen Zeit und Geld in Menschen, die sich als Medium ausgeben, bekomme aber nie eine befriedigende Antwort oder eine helfende Lösung. Irgendwann resigniere ich und lege die Hoffnung auf einen wirklichen Kontakt zu meinem Vater zu meiner Trauer in die Schublade und widme mich allem anderen, als meinen Gefühlen. Was ich damit anrichte, wird mir erst Jahre später bewusst werden. Mein Gefühlsleben stumpft immer mehr ab und ich funktioniere nur noch. Ich bin zunehmend frustrierter und fühle mich immer leerer und leerer. Natürlich erzähle ich niemandem davon, denn diese Blösse will ich mir nicht geben. So zeige ich allen die Seite, die sie mögen. Die starke, fröhliche Maria mit dem ansteckenden Lachen.

Einige Jahre nach dem Tod meines Vaters arbeite ich mit einer Frau zusammen, die sich auch für Medialität und ähnliche Themen interessiert und ich tausche mich regelmässig mit ihr aus. Denn zwischenzeitlich habe ich mich auch wieder für spirituelle Themen geöffnet, lese Bücher darüber, besuche Kurse und Vorträge und tausche mich mit Gleichgesinnten aus. Immer noch etwas versteckt und mit ausgewählten Menschen, denn ich weiss, dass einige das Gefühl haben, ich sei ein bisschen durchgeknallt. Heute kommt meine Arbeitskollegin mit einem Zeitungsinserat zu mir und fragt mich, ob ich sie an diesen medialen Abend begleiten würde. Da seien drei Frauen, die einen Demoabend machen, um zu zeigen, dass es möglich ist, mit dem Jenseits zu kommunizieren. In mir zieht sich alles zusammen und ich sage ihr, dass ich kein Geld habe, da teilzunehmen. Doch diese Ausrede hilft nicht, denn der Anlass kostet nur wenig. So gehe ich wohl oder übel mit. Wir kommen in einen kleinen Raum mit sehr vielen Menschen darin. Ich bekomme fast keine Luft. Und das nicht nur, weil der Raum so rappelvoll ist. Ich habe Angst, weil ich nicht weiss, was hier gleich geschehen wird. Da stehen 3 ganz «normale» Frauen (entschuldigung, ich muss es wirklich so schreiben, denn die Medien, die ich bisher kannte, sahen so typisch aus), die uns erklären, wie der Abend ablaufen wird. Zwei Damen werden erzählen, was sie wahrnehmen und eine von ihnen wird zusätzlich noch zeichnen. Mir ist heiss und schwindlig. Und ich weiss wirklich nicht, ob ich das hier den ganzen Abend aushalte. Es geht los. Mein Puls ist nach wie vor überdimensional hoch, mir ist immer noch schwindlig und am liebsten würde ich einfach wegrennen. Dann hält das Medium, welches zeichnet, ihr Bild hoch und mich trifft fast der Schlag. Da zeigt sie doch ein Bild, das ein Foto von meinem verstorbenen Papi hätte sein können. Ich spüre ihn förmlich hinter mir stehen und die Tränen schiessen mir wie Sturzbäche aus den Augen. Sie erzählt mir Dinge, die sie schlichtweg nicht wissen kann. Zumal sie mich ja auch nicht kennt. Wow, ich bin einfach platt. Und dankbar für dieses wegweisende Erlebnis. Denn endlich habe ich Menschen gefunden, die mir einen seriösen Kontakt zu meinem Papi herstellen können. So habe ich auch endlich eine Möglichkeit erhalten, meine angestaute Trauer und Wut über seinen Verlust anzuschauen und zu heilen. Seither besuche ich regelmässig Zirkelabende, habe dann und wann eine Einzelsitzung bei einem Medium und erhalte damit immer mehr Vertrauen, dass mein Papi wirklich immer noch bei mir ist und mich von «drüben» begleitet. Es ist tatsächlich so, dass er sich jetzt mehr Zeit für mich nimmt und mich besser unterstützen kann, als damals, als er noch lebte. Er ist immer an meiner Seite und begleitet mich in allen Bereichen. Diese Erkenntnis hat mir zum ersten Mal aufgezeigt, dass in den schrecklichsten Erlebnissen oftmals die grössten Geschenke liegen. Ich habe den wichtigsten Menschen in meinem Leben verloren und dadurch den vertrautesten Helfer in der geistigen Welt gewonnen.

Der Weg zu meiner Berufung

Schon siebzehn Jahre sind vergangen, seit ich meine Kaufmännische Ausbildung begann und spürte, dass ich diesen Job eigentlich gar nicht machen möchte. Siebzehn Jahre, in denen ich den Ruf meiner Seele immer wieder ignoriert habe. Das hat tiefe Spuren hinterlassen. Mein

Körper und meine Seele sind ausgebrannt. Ich fühle mich nur noch wie eine wandelnde Hülle, die heute da Schmerzen hat und morgen wieder an einem anderen Ort. Ich realisiere, dass ich folgende Wahl habe: Entweder erkranke ich früher oder später ernsthaft (wenn ich das auf emotionaler Ebene nicht schon bin) oder ich folge meinem Herzen. So entscheide ich mich dafür, endlich meinem Herzen zu folgen. Auch wenn diese Entscheidung mit so vielen Ängsten verbunden ist. Aber mich noch länger in dem wohl vertrauten, aber nicht mehr aushaltbaren Zustand in angeblicher Sicherheit zu fühlen, kommt für mich nicht mehr in Frage. Ich will mich meinen Ängsten stellen, damit ich endlich aus diesem Hamsterrad ausbrechen und mich meinem Herzensweg widmen kann. Ich bin mir bewusst, dass es nicht immer einfach sein wird, aber ich spüre tief in mir, dass ich dabei sehr glücklich werde.

Natürliche Heilmethoden interessieren mich schon seit vielen Jahre und so erkundige ich mich nach verschiedenen Möglichkeiten. Da mich so vieles interessiert, lande ich immer wieder beim Naturheilpraktiker. Dieser Beruf beinhaltet viele verschiedene Behandlungsformen. Doch leider ist dieser Schritt einfach zu gross für mich. Vier Jahre Vollzeit-Studium und enorme Schulkosten. Ich sehe keine Chance, das umzusetzen und resigniere einmal mehr. In meinem emotionalen Elend buche ich einen weiteren Termin bei «meiner» Kinesiologin, welche mir schon so oft geholfen hat. An dieser Stelle einen tiefen Dank an diese wunderbare Frau, welche massgeblich daran beteiligt ist, wie mein zukünftiger

Weg noch verlaufen wird. Ich würde sogar sagen, dass ich es ohne sie nicht geschafft hätte. Wir sprechen über meine beruflichen Pläne und sie meint: «Melde Dich doch für eine Schnupperstunde an einer Massagefachschule an. Diese Ausbildung wird Dir angerechnet, falls Du dann immer noch Naturheilpraktikerin werden möchtest.» Gesagt, getan. Ich melde mich an und bin schon voller Vorfreude, aber auch voller Zweifel über meine erste Unterrichtsstunde. Ich trete ein in diese Schule und weiss, dass dies auch der Eintritt in ein neues Leben ist. Denn schon in der ersten Stunde spüre ich ganz genau, dass dieser Moment gerade absolut wegweisend ist. Endlich ist der erste Schritt getan. Es braucht nicht immer gleich das ganz grosse Ding. Es braucht lediglich den ersten Schritt – der Rest ergibt sich von selbst. Vorausgesetzt wir sind offen für die Zeichen und für die Führung. Ich bin so glücklich. Lerne und sauge alles auf wie ein Schwamm. Meine Neugier, meine Lust auf Neues ist geweckt. Ich besuche mehrere Kurse und Ausbildungen zum Teil gleichzeitig, lese Bücher, besuche Vorträge und kann kaum genug bekommen, von diesen vielen spannenden Informationen, die zwar neu sind und sich trotzdem so vertraut anfühlen. Irgendwann realisiere ich, dass es mich nicht weiterbringt, wenn ich alles Mögliche an Wissen in meinen Kopf stopfe. Wichtig ist, dass ich das, was ich lerne, anfange zu verinnerlichen und zu leben. Alles andere ist lediglich trockene Theorie und bringt mich nicht wirklich weiter. Es befriedigt einzig mein Ego und ich kann zeigen, dass ich viele Diplome gesammelt habe. Das macht mich aber noch lange nicht zu einer kompetenten

Therapeutin. Ausserdem spüre ich, dass meine Messlatte wieder nahezu unerreichbar hoch hängt. Denn es steckt nicht nur Neugier und Wissen-Wollen hinter diesen vielen Kursbesuchen, sondern das Gefühl, so schnell wie möglich so viel als möglich zu lernen, damit ich «berechtigt» bin, diesen Beruf auszuüben. Ich setze mich dermassen unter Druck, dass mein Stresslevel um ein Vielfaches höher ist als die Freude an Allem. Das war ja der Grund, weshalb ich aus meinem bisherigen Lebensstil aussteigen wollte und jetzt steuere ich erneut darauf zu. Ausserdem ist es nicht das, was ich zukünftig vermitteln möchte. Deshalb besuche ich mittlerweile nur noch auserwählte Kurse und verinnerliche zuerst das Gelernte, bevor ich etwas neues beginne. Schritt für Schritt. In meinem persönlichen Tempo. Und vorallem mit ganz viel Freude und Leichtigkeit. Immer tiefer tauche ich ein in eine Berufswelt, von der ich so viele Jahre geträumt habe und nie den Mut hatte, sie zu erforschen und zu entdecken. Mehr und mehr spüre ich, wie sehr ich für diese Arbeit brenne und wie sehr ich mir wünsche, mir damit meinen Lebensunterhalt zu ermöglichen und mich selbständig zu machen. Und genau mit diesem Wunsch, beginnen die nächsten Hürden. Folgende Fragen beschäftigen mich: «Wer will denn schon zu Dir kommen? Es gibt doch viele andere Therapeuten, die das viel besser machen als Du.» oder «Diese Arbeit macht so viel Spass, da ist es nicht erlaubt, Geld dafür zu verlangen». Die Liste, warum wir etwas nicht wagen sollen, kann ziemlich lang sein. Oft machen wir auch andere Menschen (Partner, Kinder, Vorgesetzte, etc.) dafür verantwortlich, dass wir unsere Träume nicht erfüllen (können). Wir sollten uns ganz klar bewusst machen, welche Bürde wir diesen Menschen – natürlich unbewusst – auferlegen. Die Liste all dieser Gründe entspringt lediglich unserem Kopf, der uns manchmal etwas veräppeln und uns Sicherheitsfanatiker von unserem Herzensweg abbringen will. Auch das Umfeld kann manchmal nicht mit Entscheiden umgehen, die nicht unbedingt gesellschaftskonform sind. So wird mir zum Beispiel gesagt, dass es doch mittlerweile schon so viele Masseure gibt und ich niemals genügend Kunden haben werde, um davon leben zu können. Oder dass ich doch verrückt sei, einen Job beim Staat aufgeben zu wollen, um zu massieren. Aber mein Herz ist viel lauter, als meine persönlichen Zweifel und die Unkenrufe von aussen. Und so kommt der Tag, an dem sich alles ändert. Nach dem Mittagessen höre ich diese Stimme in mir, die mir sagt: «Sprich mit Deinem Partner Stefan darüber, dass Du Deinen Bürojob kündigen und Dich selbständig machen möchtest und frag ihn, ob er Dich darin unterstützen würde.» Kaum hat mein Verstand diese Frage gehört, ruft er: «Ja, Du kannst ihn schon fragen, aber nicht jetzt. Du hast zu wenig Zeit für eine ausgiebige Diskussion, weil schon bald wieder die Arbeit ruft. Verschieb dieses Gespräch auf einen anderen Zeitpunkt. Ausserdem ist es doch unverschämt, ihn um so etwas zu bitten.» Ein Pingpong-Spiel zwischen Herz und Kopf hat gerade begonnen. Mein Herz sagt: «Frag jetzt!», mein Kopf meint: «Nein, tu das nicht.» Irgendwann öffnen sich meine Lippen wie von selbst und sie sagen: «Hör mal Stefan, ich möchte gerne meinen Bürojob aufgeben und mich selbständig machen. Könntest Du Dir vorstellen, mich dabei zu unterstützen?» Mein Herz pocht, weil ich mich auf eine grosse Diskussion einstelle und nur dieses eine Argument habe: Mein Herz wünscht sich das. Noch während ich überlege, wie ich ihm mein Argument verklickern könnte, kommt die Antwort von Stefan: «Natürlich, mach das». Stille. Ich warte auf mehr. Immer noch Stille. Aber da kommt nichts mehr. Ich sage: «Wie meinst Du das genau?» Er meint: «Ja halt so, wie ich es gesagt habe. Mach das». Stille. Okay. Das muss ich jetzt erst einmal verdauen. Ich habe mir schon wieder alles Mögliche in meinem Kopfkino zusammengereimt, bevor es überhaupt so weit war. Ja, man kann sich das Leben manchmal wirklich selber schwer machen. Eine tiefe Dankbarkeit überkommt mich und ich mache mich mit diesem neuen Entschluss auf den Weg zur Arbeit. Noch am selben Abend schreibe ich meine Kündigung und gebe sie am nächsten Morgen im Geschäft ab. Ich spüre, welch grosse Last mit diesem Schritt von meinen Schultern fällt. Und im selben Moment bricht alles, was sich über die Jahre hinweg angestaut hat, über mir zusammen. Ich weine, zittere, hab Schweissausbrüche und bin total erschöpft. Schulmedizinisch würde man dem wohl Burnout sagen. Ich bin psychisch und physisch so dermassen ausgelaugt, dass ich während der Kündigungsfrist krankgeschrieben werde und nicht mehr zur Arbeit gehe. An dieser Stelle möchte ich mich bei meinem Hausarzt bedanken, der aufmerksam, achtsam und mit vollstem Verständnis meine Gefühle respektiert. Ich danke ihm auch, dass er mich nicht mit Medikamenten vollstopfen will, sondern mir die freie Wahl lässt, in dem er mir sagt: «Wenn Sie etwas brauchen, kann ich Ihnen gerne etwas geben. Wenn nicht, ist es auch okay. Lassen Sie sich Zeit.» Schön, dass es solche Mediziner gibt. Kaum jemand weiss, wie es wirklich in mir aussieht. Mein Pflichtgefühl ist es, was mich antreibt, jeden Morgen aufzustehen. Doch jeder Schritt ist anstrengend und die Leere in mir ist fast unerträglich. Doch trotz allem ist da immer noch dieses Gefühl der Dankbarkeit, dass ich auf diesem wunderschönen Planeten sein darf. Trotz allem ist da diese Freude am Leben und am Lachen. Diese Gefühle und dieses Vertrauen verlassen mich nie. Auch nicht in den dunkelsten Stunden.

Bereits nach meiner ersten Massagestunde habe ich mir eine Liege besorgt und mir ein Zimmer zu Hause eingerichtet. Die ersten Kunden sind Freunde und Verwandte und ich bin sehr dankbar, dass sie sich quasi als «Übungsobjekte» zur Verfügung stellen. Für heute hat sich der erste «fremde» Kunde angemeldet. Und dann auch noch ein Mann. Mein Herz rast und ich hoffe so sehr, dass er mit meiner Arbeit zufrieden sein wird. Ich bin sehr angespannt und nach einer Stunde beende ich schweissgebadet die Behandlung. Nervös warte ich auf seine Rückmeldung. Es hat ihm so gut gefallen, dass er danach mehrere Jahre lang alle zwei Wochen kommen wird. Damit ist die nächste Hürde genommen. Ich wünsche mir, dass noch mehr Menschen auf mich und mein Angebot aufmerksam werden. Doch wie soll ich das bloss angehen? Erst einmal brauche ich einen Namen für mein Geschäft und dann die Möglichkeit, mich der Öffentlichkeit zu zeigen. Es ist Sonntag und ich brüte gerade über meinem Werbematerial, als der Geistesblitz kommt: Seelenbaumeln. Gefällt mir sehr gut. Und ich finde ihn auch total passend. So kreiere ich meine ersten Visitenkarten und Flyer noch selbst, verteile sie an Bekannte und Verwandte, bis eines Tages der Wunsch nach einer «professionellen» Homepage und den dazugehörigen Visitenkarten und Flyern entsteht. Heute ist es soweit. Der Grafiker hat mir mitgeteilt, dass die Vorlagen zur Ansicht bereit sind. Ganz aufgeregt mache ich mich auf den Weg zu ihm, um das Logo, meine Homepage und die neuen Karten und Flyer anzuschauen. Als ich alles sehe, bin ich einfach nur tief berührt und so dankbar, dass er genau das umgesetzt hat, was ich mir vorgestellt habe. Ich platze fast vor Stolz, als ich mit einem Muster meines Logos nach Hause komme. Stefan ist auch gleich total aus dem Häuschen, weil es ihm so gut gefällt. Das bestärkt mich natürlich noch einmal mehr. Einige Tage später bekomme ich meine Karten und Flyer. Ab diesem Tag gehört es schon fast zur Tagesroutine, dass Stefan und ich zu Fuss oder mit dem Fahrrad in den umliegenden Dörfern unterwegs sind, um die Briefkästen mit meinem Flyer zu füttern. Ausserdem melde ich mich bei dieser bekannten Social Media Plattform an und mein Auto bekommt einen riesigen Werbekleber auf der Heckscheibe. Seither parkiere ich nur noch rückwärts. Bescheuert? Ja, das stimmt allerdings. Doch dieses Sich-Zeigen entpuppt sich als schwieriger als gedacht und wird sich noch als jahrelanger

Prozess herausstellen. Aber ein weiterer Schritt ist getan. So werden es immer mehr «fremde» Kunden und es entsteht mit der Zeit der Wunsch nach externen Räumlichkeiten. Zweifel machen sich wieder breit, ob ich denn wohl etwas finden würde, was mir gefällt und vorallem etwas, was bezahlbar ist. Ich habe schon öfter von diesen Bestellungen beim Universum gehört und denke mir, dass ich das jetzt einmal ausprobiere. So setze ich mich hin, male mir zuerst einmal in Gedanken aus, wie alles aussehen soll und bringe es zu Papier. Form und Grösse des Raumes, Preis und weitere Details. Nachdem nun die Praxis in meinem Kopf und auch auf dem Papier bereits existiert, schalte ich meinen Laptop ein und suche verbissen nach diesen Räumlichkeiten. Tag für Tag. Etwa zwei Wochen lang. Resigniert stelle ich fest, dass dieses Wünschen beim Universum wohl nur so ein Märchen ist und lege meine Suche auf Eis. Einige Tage später - ich bin gerade an meinem Laptop beschäftigt - überkommt mich der Impuls, auf der Immobilienseite nach einer Praxis Ausschau zu halten. Und tatsächlich! Das erste Inserat zeigt einen Raum, welcher sämtliche von mir gewünschten Kriterien erfüllt und mein Herz weiss genau: das ist er. Ich kann es kaum glauben. Mein Herz bebt, meine Hände zittern und so schreibe ich den Vermieter an. Ich besichtige den Raum und es fühlt sich an, als ob ich bereits dort arbeiten würde. Für mich ist klar: den will ich! Und so unterschreibe ich einige Tage später den Mietvertrag.

Ein wichtiges Detail hatte ich anfänglich bei der Universum-Bestellung vergessen: Vertrauen. Vertrauen, dass die Lieferung genau dann kommt, wenn sie bereit ist. Ich bestelle ja beim Fachhandel auch nicht etwas und ruf dann alle paar Minuten an, ob sie denn meine Bestellung auch wirklich erhalten haben und wann sie sie denn nun endlich liefern würden. Deshalb hier noch einmal zum mitschreiben: Wunsch mit allen Sinnen sehen, schmecken, riechen, auf Papier bringen, ganz viel Gefühl hineingeben, aussprechen, Bestellung aufgeben, übergeben und... vertrauen! Halt eben so, als ob Du beim Versandhandel etwas bestellen würdest, was Du Dir schon so lange gewünscht hast.

Einige Wochen später ist der Raum bezugsbereit. Mein wundervoller Partner unterstützt mich wieder tatkräftig beim Malen, Boden legen und Einrichten. Und dann ist er da: Der Tag der Eröffnung. Oh Gott, ich kann dieses Gefühl gar nicht in Worte fassen. Ich bin einfach nur restlos glücklich. Glücklich, stolz und angekommen. Ganz viele Menschen besuchen mich, freuen sich mit mir mit und sind begeistert von meiner ersten Praxis. Abends komme ich nach Hause und bin so erfüllt von Dankbarkeit und dem Gefühl, dass mein Leben jetzt nie mehr aus den Fugen geraten könnte. Ja, das fühlt sich wirklich gerade so an.

Es gibt auch einige Menschen, die sich nicht mit mir freuen. Auch das lerne ich zu akzeptieren. Aussagen wie. «Du hast es gut. Du hast einen Partner, der Dich unterstützt. Ich bin halt alleine, deshalb kann ich mir solche Träume nicht erfüllen.» Oder: «Du hast es gut. Du hast keine Kinder und bist deshalb total frei und kannst machen, was Du willst.» Du hast es gut. Wir sehen beim Anderen oft das, was uns (angeblich) fehlt, um unserem Herzen zu folgen. Doch auch hier haben wir die Wahl: Glaube ich daran, dass meine Wünsche in Erfüllung gehen? Bin ich bereit, auch etwas dafür zu tun? Oder schaue ich lieber, welche Gründe ich gerade finde, um sagen zu können, dass es mir leider nicht möglich ist, meinem Herzensweg zu folgen. Jeder entscheidet für sich selbst.

Ich liebe es so sehr, hier zu arbeiten und blühe richtig auf. Ich spüre, wie ich mich mehr und mehr für meine Arbeit öffne. Und mich auch öffne, für alles, was noch kommen möchte.

Heute spricht mich eine Frau an und meint: «Maria, Du musst unbedingt Massagekurse für den Hausgebrauch anbieten. Ich habe bereits eine Gruppe von sechs Personen, die teilnehmen möchten.» Ich bin total erstarrt und wehre mich vehement dagegen. Sie stupst mich weiter, bis ich ihr versichere, dass ich es mir überlegen werde. Ich bin zwar sehr redselig, aber vor Menschen sprechen fällt mir enorm schwer. Und doch spüre ich beim Gedanken daran ein freudiges Kribbeln im Bauch. Einmal darüber geschlafen und schon entsteht das Script für meinen ersten Massagekurs. Die Frau und ihre Gruppe werden zwar nie kommen, aber sie haben einen Stein ins Rollen gebracht, welcher meine zukünftige Arbeit stark beeinflussen wird. Während dem ersten Kurs spüre ich, wieviel Spass es mir macht, den Menschen etwas zu lehren. Ihnen etwas mit auf den Weg geben zu können, was ihnen hilft, im Alltag mehr Wohlbefinden zu erlangen. Es macht auch riesig Spass, zuzusehen, wie sie anfangs noch denken: «Ich kann das nicht» und abends die Freude und den Stolz zu sehen, dass sie es sehr wohl können. Es entstehen weitere Kurse und Workshops und da meine Praxis zu klein dafür ist, wächst der Wunsch nach grösseren Räumlichkeiten. Mein Herz hüpft bei diesem Gedanken. Mein Kopf sagt: «Sei doch jetzt einfach einmal zufrieden mit dem was Du hast.» Oh Mann, dieses Herz-Kopf-Chaos schon wieder. Aber schliesslich habe ich mich ja vor einiger Zeit dafür entschieden, in Zukunft auf mein Herz zu hören und so fange ich an, meine zukünftige, grössere Praxis zu manifestieren. In den schönsten Bildern male ich mir aus, wie sie aussehen soll. Ich versetze mich in das Gefühl, wie es ist, bereits dort zu arbeiten. Und ich zeichne sie in allen Details auf. Als alles auf Papier ist, geht sie wieder los, diese krampfhafte Suche nach neuen Räumlichkeiten. Schnell erinnere ich mich jedoch daran, dass mich diese Verbissenheit schon letztes mal nicht weitergebracht hat und so lasse ich die Bestellung einfach mal im Universum herumfliegen, bis sie landet. Und tatsächlich. Einige Tage später finde ich auf einer Immobilienplattform meine neue Praxis. Ich sehe die Bilder und ich weiss ganz genau, dass ich in Zukunft hier arbeiten werde. Ich fühle mich mit diesen Räumen bereits verbunden, obwohl ich sie noch nie gesehen habe und die Bilder ehrlich gesagt nicht unbedingt sehr ansprechend sind. Doch dieses

Gefühl im Bauch ist so klar und wird bei der Besichtigung auch bestätigt. In Gedanken richte ich den Raum bereits ein und die Vermieterin erzählt mir, dass das Inserat schon 4 Monate auf der Immobilienseite ausgeschrieben war, sich aber bis dahin noch niemand gefunden hatte, der für sie passt. Spannend, denn ich habe dieses Inserat bei meiner verbissenen Suche nie gesehen. Und dann, als ich bereit dafür war, ist es mir entgegengehüpft. Geduld und Vertrauen sind zwei wichtige Faktoren, wenn es ums Aussenden von Herzenswünschen geht. Einige Tage später sitze ich am Tisch in meinen zukünftigen Räumlichkeiten und unterschreibe den Mietvertrag. Unglaublich, wie sich die Puzzleteile für meinen weiteren Weg wieder gefügt haben. Mein Kopf fragt sich zwar dauernd, wie ich wohl die um einiges höhere Miete bezahlen werde. Doch die Klarheit meines Herzens lässt mich ruhig werden und schenkt mir Vertrauen. Ich weiss, ich schaffe auch das. Denn ich weiss, dass das Universum immer für mich ist. Und ich weiss, dass ich einen wunderbaren Partner an meiner Seite habe, falls alle Stricke reissen. Er ist es auch, der mich nun wieder tatkräftig unterstützt beim Umzug, beim Schrauben und Hämmern. Und voller Stolz verteilt er vor dem Eingang Glace für alle Besucher. Es ist ein unglaublich schönes Gefühl, Menschen in seinem Umfeld haben, die sich mit Dir freuen, die an Dich glauben und Dich unterstützen. Jetzt kann ich mein ganzes Angebot in meinen eigenen Räumlichkeiten durchführen. Behandlungen, Kurse und Meditationen. Manchmal fühlt es sich an wie ein Traum. Es finden so wunderbare und bereichernde Begegnungen und Momente statt und es entwickeln sich ganz neue Beziehungen zu vielen wunderbaren Menschen.

2 Jahre nach meinem Einzug in diese Räumlichkeiten erhalte ich vom Vermieter die Mitteilung, dass das Gebäude verkauft wurde. Der neue Inhaber plant, das Haus in absehbarer Zeit abzureissen. Ich bin am Boden zerstört und in meinem Kopf rumort es. Ich habe Angst, keine Räumlichkeiten mehr zu finden, die sich so gut anfühlen wie diese und das auch noch zu einem angemessenen Preis. Existenzängste und Verlustängste sind zwei meiner Lebensthemen. Und sie zeigen sich gerade sehr akut. Eigentlich brauche ich mich noch nicht zu beeilen, denn es wird noch einige Zeit ins Land ziehen, bis der Abbruch definitiv ist. Doch der Widder in mir hat Veränderung gehört. Und bei diesem Wort schaltet er gleich auf den Modus Handeln. So halte ich ab jetzt Augen und Ohren offen. Vordergründig neutral und ungezwungen, innerlich völlig gestresst. Ein altbekanntes Muster. Einige Wochen später erhalte ich die Information, dass in der Nähe Räume vermietet werden. Ich rufe gleich an und vereinbare einen Besichtigungstermin. Sie sind jedoch zu klein und liegen direkt an der Hauptstrasse, was für meine Arbeit viel zu laut ist. Das teile ich dem Vermieter mit. Daraufhin antwortet er mir, dass es allenfalls noch eine Möglichkeit gebe, im hinteren Teil des Gebäudes. So besichtige ich einige Tage später auch diese Räume. Es handelt sich um eine Lagerhalle. Graue Betonwände, grauer Industrieboden, kühl, dunkel und schmutzig. Der Vermieter erklärt mir, was alles verändert

werden kann und spürt wohl instinktiv, wonach ich suche und was ich mir vorstelle. Wir kennen uns nicht, doch ich habe das Gefühl, dass er meine Wünsche und Bedürfnisse genau weiss. So fasziniert er mich mit seinen Plänen und als er mir auch noch mit dem Preis entgegenkommt, vereinbare ich einen Termin für die Unterzeichnung des Mietvertrages. Mein Kopf arbeitet wieder auf Hochtouren: «Warum so eilig? Du hast ja noch so viel Zeit. Die Miete liegt um ein Vielfaches über dem, was Du Dir aktuell leisten kannst.» Erneut ein altbekanntes Muster. Ich unterschreibe. Danach fahre ich nach Hause und könnte heulen. Ich habe so eine schöne Praxis und ich hätte noch einige Jahre Zeit gehabt, mich umzusehen. Nun habe ich einen Vertrag unterschrieben für ein dunkles, schmutziges «Loch» (ja, so fühlt es sich wirklich grad an), welches auch noch viel teurer ist, als meine jetzigen Räumlichkeiten. Mein Bauch sagt: «Alles okay Maria» Doch diesmal schreit der Verstand viel lauter und bringt mich ganz schön aus dem Konzept. Einmal mehr ist es Stefan, der mich herunterholt, mir Mut zuspricht und mich wie gewohnt auch in dieser verrückten Entscheidung in allen Bereichen unterstützt. Sei es emotional, mental, handwerklich, finanziell. Er ist einfach immer auf und an meiner Seite. Danke von Herzen für Alles. Ohne Dich wäre ich niemals da, wo ich jetzt bin. Diese Praxisräume sind schöner, als ich es mir jemals erträumt hätte. Ich fühle mich beruflich angekommen. Angekommen, da wo ich mich längere Zeit schon hingeträumt habe. Ich bin der festen Überzeugung, dass ich angekommen bin. Angekommen, dort, wo mich meine Seele hingeführt hat.

Doch die ganz grosse Reise auf den Spuren meiner Seele beginnt erst.

Marokko

Marokko bereisen? Niemals! Ja, ich wollte auf jeden Fall noch die Welt entdecken. Aber Marokko war und ist keineswegs auf diesem Plan. Weder habe ich eine Verbindung zu diesem Land, noch habe ich auch nur ansatzweise jemals daran gedacht, da hinzureisen. Die Kultur ist mir total fremd und aufgrund meiner Vorurteile diesen Menschen gegenüber wäre eine Marokkoreise sowieso nie in Frage gekommen. Sag niemals nie – das kennen wir ja.

So kam es, dass sich meine Cousine Elisa vor einigen Jahren auf einer Marokkoreise verliebt hatte. Was war ich damals skeptisch, als sie davon berichtete. Als sie den Mann auch noch geheiratet hat, spielte sich in meinem Kopf das ganze Programm ab, welches ich mein Leben lang eingeprägt bekommen habe. Mein pures Ich sagte mir: hör auf mit diesen Vorurteilen. Doch in mir drin spürte ich, dass sie stärker waren, als mir lieb war. Als ich den Mann, Said, kennenlernte, fand ich ihn total nett und sympathisch und ertappte mich dabei, wie ich dachte, dass er wird wohl einer von den wenigen sei, die anders sind, als die, von denen ich bis dahin gehört habe.

Ein paar Jahre später, und immer noch glücklich verheiratet, haben sich die beiden ein Ferienhaus in Marokko gekauft. In einem Anflug von Unüberlegtheit verspreche ihnen, dass ich sie dort einmal besuchen werde. Kaum habe ich das gesagt, denke ich mir: Na, da hast Du Dich aber wieder einmal ganz schön in was hineingeritten.

Der Tag, an dem ich mein Versprechen einlöse ist nun gekommen und ab da geht meine Geschichte los. Beziehungsweise, sie ging früher schon los – nur war mir das damals nicht bewusst.

Unter mir liegt Agadir.

Meine erste Reise nach Marokko

Mein Partner Stefan und ich sitzen vor dem Laptop, um den Flug zu buchen. Meine Nerven liegen blank. Ich weine und zittere, weil ich immer noch unter unsäglicher Flugangst leide. Da soll ich nun selber diesen Flug buchen und dann auch noch mit der marokkanischen Airline, welche ich überhaupt nicht kenne. Ich habe im Vorfeld gründlich das Internet durchforstet, um sicher zu gehen, dass diese Airline vertrauenswürdig ist und weder Abstürze, noch Flugzeugentführungen zu finden sind. Ja, ich schäme mich heute für dieses Verhalten, aber ich möchte ehrlich sein, denn ich weiss, dass es ganz vielen Menschen genau so geht wie mir. Und ich möchte zeigen, dass eine Veränderung des Blickwinkels durch eigene Erlebnisse neue Welten eröffnen kann. Mit Ach und Krach schaffen wir es, diese Flüge zu buchen. Danach bin ich fix und fertig. Doch das war ja erst die erste Hürde.

Wenige Wochen später ist es soweit. Mit meiner gnadenlosen Flugangst im Gepäck machen wir uns auf den Weg in dieses Land mit der für mich total fremden Kultur und das auch noch mit einer Airline, die mir nicht vertraut ist. Aber he, wir sollen ja immer mal wieder über unsere Schatten springen, sagen sie. Der Flug verläuft wie gewohnt. Wie gewohnt heisst, dass mein Körper bis in die hinterste Zelle angespannt ist, dass das Flugpersonal sehr nett und zuvorkommend ist und dass es keine Zwischenfälle gibt. Als das Flugzeug nach drei Stunden in Casablanca aufsetzt, entspanne ich mich wieder ein wenig. Wir holen das Gepäck und das Mietauto und fahren zu unserem Hotel. Dort machen wir uns kurz frisch und los geht's auf Erkundungstour. Wir treffen in der Medina, der Altstadt von Casablanca ein und ich erstarre innerlich. Alles ist laut, alles ist chaotisch und alles ist hektisch. Die Stadt hat keine Struktur, auf den Strassen fahren Autos, Motorräder und Fahrräder und mittendrin findest Du Esel, Schafe, Ziegen und Menschen. Ein, für meinen strukturierten Geist, heilloses Durcheinander. Es wird laut geredet und wild gestikuliert, was mir das Gefühl gibt, dass sie sich an jeder Ecke streiten. Die Sprache hört sich für mich rauh, laut und aggressiv an. Fast alle Männer tragen diese traditionellen Gewänder und viele davon einen Bart. Und zwar diesen besonderen Bart. Dieser Anblick verknüpft mein Gehirn sofort mit grässlichen Bildern aus dem Fernsehen und lässt mich erschaudern.

Entsetzt stelle ich fest, wie voreingenommen und geprägt ich von diesen Bildern bin. Und ich spüre ein erstes mal das sanfte Flüstern meines Herzens, dass vieles anders ist, als uns vermittelt wird. Aber die Angst ist um ein Vielfaches lauter, als dieses Flüstern meines Herzens. Die Frauen sitzen mit ihren Kindern am Strassenrand und unterhalten sich. Aus allen Ecken steigt Rauch empor, weil überall grilliert wird. Abfall liegt am Boden und ein mir völlig fremder Duft liegt in der Luft. Zu diesem alltäglichen marokkanischen Treiben in der Stadt gesellt sich dazu, dass in zwei Tagen der höchste islamische Feiertag bevorsteht und deshalb überall Schafe und Ziegen zum Verkauf angeboten werden oder bereits getötete Tiere und frische Felle auf Wagen von hier nach da transportiert werden. Ich erstarre innerlich und will einfach nur weg. Bitte lasst mich sofort wieder nach Hause fliegen. Ich ertrage das hier gerade nicht. Die Erkundungstour fällt somit um einiges kürzer aus als geplant und ich bitte Stefan darum, dass wir wieder ins Hotel gehen. Vor dem Hotel setzen wir uns in ein Restaurant, um etwas zu essen, aber ich bringe kaum einen Bissen runter. Ich bin fix und fertig und möchte mich einfach ins sichere Hotelzimmer verkriechen. Doch bin ich da überhaupt sicher? Mein Kopfkino zeigt gerade einen komplett absurden Film. Kaum zurück im Zimmer weine ich fürchterlich und kann mich fast nicht beruhigen. Ich möchte einfach nur wieder nach Hause. Bitte bring mich jemand nach Hause. So fühlt sich wohl ein Kulturschock an.

Nach einer unruhigen Nacht machen wir uns anderntags auf den Weg nach Marrakesch, wo wir von Elisa und Said erwartet werden. Die Strassen sind praktisch leer, weil alle mit den Feiertagsvorbereitungen beschäftigt sind. Auf Anhieb finden wir den Treffpunkt in Marrakesch, wo wir von ihnen abgeholt werden. Als wir im Ferienhaus der beiden ankommen, kann ich mich zum ersten mal seit dem Start der Reise ein wenig entspannen. Vertraute Menschen, eine vertraute Sprache und ein Einheimischer, den ich kenne, der uns bestimmt beschützt, falls Gefahr naht. Erneut höre ich die Stimme meines Herzens flüstern: «Es gibt keine Gefahr und Du brauchst auch niemanden, der Dich beschützt.» Doch die Ängste sind noch immer so viel lauter, als die sanfte Stimme meines Herzens. Trotzdem gelingt es mir, Gefallen an der Stadt zu finden und mich einigermassen sicher zu fühlen, wenn Elisa und Said mit uns unterwegs sind.

Heute wollen Stefan und ich nach Ouzoud zu den bekannten Wasserfällen im Atlasgebirge. Da wir auf unseren Reisen immer auf den schmalsten Strassen unterwegs sind, um so viel wie möglich von der Umgebung zu sehen, dauert der Weg dorthin ziemlich lange und das Gelände wird immer unwegsamer. In mir zieht sich von Minute zu Minute alles mehr und mehr zusammen. Wir sind hier irgendwo im Nirgendwo in den gigantischen Bergen des Atlas und haben irgendwie keinen exakten Plan mehr, wie wir zu diesen Wasserfällen gelangen sollen. Stefan findet es wunderschön hier, sitzt freudestrahlend hinterm Steuer, während mein Körper mehr und mehr auf Alarm umstellt. Das Fass der Angst läuft über, als wir eine tiefe Schlucht über eine undefinierbare Brücke aus Metall überqueren sollen, die laut scheppert, als ein Auto von der anderen Seite her darüber fährt. Das war er, der berühmte Tropfen. Ich schreie und weine und mein Körper zittert. Ich erkläre Stefan ziemlich klar und vorallem ziemlich laut, dass ich nicht über diese Brücke fahren werde und jetzt augenblicklich nach Hause will. Ist zugegebenermassen etwas schwierig, wenn Du gerade mitten in diesem Bergmassiv auf einer holprigen Strasse unterwegs bist. Stefan tut so, als hätte er mich nicht gehört, drückt aufs Gas und schon scheppert die Metallbrücke unter uns. Ich versinke im Autositz und denke mir noch: «Wenn wir drüben ankommen, bringe ich ihn um. Aber nein, das muss ich ja gar nicht, denn wir werden ohnehin hier in diesen Bergen sterben.» Ja, sie sind wirklich wunderschön, diese Berge, das gebe ich zu, aber das nützt mir gerade nicht wirklich viel. Denn ich werde hier zerschellen und keiner weiss, wo ich bin. Sekunden später wird's wieder ruhig unter den Autorädern. Wir sind nicht zerschellt, hurra. Aber wir sind noch immer in diesem gigantischen Bergmassiv unterwegs und weit und breit sind keine Wasserfälle in Sicht. Atmen. Stefan ist immer noch die Ruhe selbst, lässt mich mein Drama durchstehen und geniesst die schöne Landschaft. Irgendwann kommt das langersehnte Schild «Ouzoud». Endlich. Eine leichte Entspannung dehnt sich in meinem Körper aus. Wir fahren zum Parkplatz und dann steht er da, wie aus dem Nichts. Der grosse, dünne Mann mit seinem riesigen Mund, in dem nur noch einige wenige schwarze Zähne zu sehen sind. Die leichte Entspannung verflüchtigt sich gleich wieder, als er seinen Kopf durch unser Autofenster streckt und hektisch versucht, uns den Parkplatz zu zeigen und sich als unser Führer zu den Wasserfällen anzubieten. Ich sage zu Stefan, er soll augenblicklich das Fenster schliessen, die Türen verriegeln und ab die Post zurück nach Marrakesch fahren. Nun spüre ich, dass auch Stefans Körper sich langsam anspannt. Jedoch nicht aus Angst, sondern weil ihm wohl mein Drama langsam ganz schön auf die Nerven geht. Genervt schliesst er das Fenster, dreht um und fährt auf der anderen Seite des Berges wieder Richtung Marrakesch. Es ist bereits Mittag und wir haben noch nichts gegessen und zu Trinken haben wir auch nichts dabei. Im nächsten Dorf fragt Stefan, ob wir essen gehen wollen. Ich schaue ihn mit grossen Augen an und sag ihm klar und deutlich, dass ich hier in diesen Bergen nirgends aussteigen werde. Gott weiss, was uns da alles passieren könnte. Er sieht ein, dass es hoffnungslos ist, mich aus dem Auto zu bringen und fährt weiter.

Langsam kommen wir wieder in belebtere Regionen. Wir passieren ein Städtchen, in dem gerade ein traditionelles Fest gefeiert wird. Alles ist geschmückt, alle sind schön angezogen und links steht eine Arena, in denen die Männer gerade auf ihren Araber-Pferden eine Aufführung zeigen. Päng. Es wird geschossen. Das ist Teil dieser Aufführung. Stefan ist begeistert und ruft: «Hey, lass uns aussteigen und zusehen.» Ich denke mir, jetzt ist er komplett übergeschnappt. Da schiessen sie und er will aussteigen und zusehen. Geht's noch?? Er sieht ein, dass heute alles keinen Sinn mehr macht und nimmt Kurs nach Marrakesch auf. Wir suchen den direktesten und schnellsten Weg. Mittlerweile ist später Nachmittag. Seit nunmehr sieben Stunden sitzen wir im Auto und haben noch immer nichts gegessen und getrunken. In einem Dorf fährt Stefan rechts ran und holt sich an einem Kiosk ein paar Kekse und Wasser. Wie kann er in dieser heiklen Situation bloss ans Essen denken? Also ob wir keine anderen Sorgen hätten.

Abends kommen wir endlich wieder im Ferienhaus von Elisa und Said an und erzählen ihnen von unserem Tag. Stefan schüttelt den Kopf, Elisa und Said lachen und ich schäme mich für mein Verhalten. Total erschöpft lege ich mich später ins Bett. Als sich mein Körper etwas entspannt und ich mir den Tag durch den Kopf gehen lasse, muss ich über mein Drama grinsen, um davon abzulenken, wie schlecht ich mich fühle. Ich fühle mich schlecht, weil ich Stefan den Tag versaut habe und weil ich den Menschen hier mit so vielen Vorurteilen begegne.

Auf dem Weg in die Wüste

Elisa hat uns bereits im Vorfeld gefragt, ob wir Lust hätten, mit ihr und ihrer Schwägerin Aisha einen zweitägigen Ausflug in die Wüste zu machen. Ja natürlich.

Ein paar Tage nach unserem Atlas-Erlebnis machen wir uns mit ihnen auf den Weg. Wir steigen in den Touristenbus ein und starten. Schon wieder fühle ich dieses beklemmende Gefühl in mir aufsteigen. Wie konnte ich nur so unüberlegt einer Wüstenreise zustimmen? Da werden doch immer wieder Touristen entführt oder umgebracht? Das hätte ich mir wohl früher überlegen sollen, denn nun sitz ich hier in diesem Bus Richtung Süden. Gemeinsam mit vielen anderen Touristen. Nach ein paar Stunden Fahrt machen wir eine kurze Pause. Zurück im Bus begrüsst uns der Reiseleiter zu unserem dreitägigen Ausflug in die Sahara. Was, drei Tage? Wir haben eine zweitägige Reise gebucht, da Aisha übermorgen wieder zur Arbeit muss. Nach einem kurzen Gespräch mit dem Reiseleiter stellt sich heraus, dass wir im falschen Bus sitzen. Die Ticketkontrolle wird hier wohl nicht so genau genommen. Was nun? Wir fahren vorerst einmal weiter und der Buschauffeur versucht, eine Lösung für uns zu finden. Stefan und ich könnten mit der Gruppe weiterreisen und drei Tage bleiben, Elisa und Aisha würden mit einem anderen Bus wieder zurück nach Marrakesch fahren. Ich bin total hin- und hergerissen. Da ich gerade meine Frauengeschichte habe und ich nicht eingedeckt bin für drei Tage, entscheiden Stefan und ich, dass wir mit den anderen beiden wieder zurückfahren. Insgeheim bin ich ehrlich gesagt beruhigt darüber, denn dieses Wüstenabenteuer hätte ich wohl emotional nicht auch noch ausgehalten. Etwa vier Fahrstunden später können wir noch Ait Ben Haddou besichtigen. Das ist die Lehm-Stadt, die als Kulisse verschiedener Filme wie Gladiator oder Game of Thrones diente. Danach wechseln wir den Bus und fahren wieder zurück nach Marrakesch. Einerseits bin ich total erleichtert über die Wende, andererseits hätte ich schon gerne die Wüste gesehen. Zumal ich mir den Vollmond dort an diesem sagenumwobenen Nachthimmel einmalig vorstelle. Aber vielleicht ein anderes mal.

Marokkos Atlantikküste und die Liebe

Vor einigen Jahren erschien das Lied «Schwarzer Sand von Santa Cruz». Darin wird folgende Textzeile besungen: «Unter mir liegt Agadir...». Dieser eine Satz beschert mir seit Jahren eine Gänsehaut, wenn ich ihn höre. Ich konnte mir jedoch nie erklären, weshalb. Deshalb ist es natürlich ein Muss, nach Agadir zu fahren, um dieser Sache auf den Grund zu gehen.

Nach einer unvergesslichen Woche mit allen möglichen Emotionen verlassen wir Elisa und Said und somit auch die Region rund um Marrakesch. Unter mir liegt Agadir. Wir nehmen direkt Kurs auf, Richtung Küste. 260 km später kommen wir an. In dieser Stadt am Atlantik, deren Name mich immer in eine ganz mystische Stimmung versetzte, wenn ich ihn hörte. Ich habe mich so darauf gefreut, sie endlich zu sehen. Doch sehen kann ich gerade nicht wirklich viel, denn Agadir wird von stockdichtem Nebel eingehüllt. Das darf doch jetzt nicht wahr sein. Da sind wir in Marokko und das Wetter gleicht einem November-Tag in der Schweiz. Wir bringen Auto und Gepäck zum Hotel und ziehen los an den Strand. Der Nebel lichtet sich langsam und macht einem Sturm Platz, der so stark ist, dass wir am Strand stehen und uns gegen den Wind fallen lassen können, ohne dabei umzufallen. Trotz oder gerade wegen des starken Windes machen wir einen langen Spaziergang am riesigen Strand von Agadir, entlang des wilden Atlantiks. Ich liebe es, die Natur so intensiv zu spüren.

Wir bleiben zwei Nächte hier. Der Wind hat sich gelegt und Stefan geht sogar noch baden. Mir ist es viel zu kalt. Ich geniesse den Strand und warte immer noch auf den Zauber, den ich mir von Agadir erhofft hatte. Doch er bleibt aus. Ich bin zutiefst enttäuscht, denn ich war mir aufgrund meiner Reaktionen auf dieses Lied so sicher, dass mich hier etwas ganz Besonderes erwarten würde.

(Vertraue immer auf diese Gefühle. Das Puzzleteile fügt sich nämlich nicht dann, wenn Du es erwartest, sondern dann, wenn der richtige Zeitpunkt da ist. Und mein Puzzleteil zu diesem Thema wird sich erst Jahre später fügen, als ich es schon bald vergessen hatte.)

Wir reisen der Küste entlang nach Casablanca und finden auf dieser Route so viele zauberhafte Plätze. Kilometerlange, menschenleere Strände, sehr freundliche und hilfsbereite Menschen und ich fühle, dass die Liebe zwischen Stefan und mir in diesem Urlaub ganz neu aufgeflammt ist und wir uns noch näher gekommen sind. Tief in mir drin spüre ich, dass von diesem Land eine ganz besondere Magie ausgeht. Und ganz viel Liebe. Ich kann diese Gefühle nicht erklären, denn irgendwie gibt es keine Worte dafür. Leider werden sie immer wieder zunichte gemacht von den vielen Ängsten und Vorurteilen, die so präsent sind und von denen ich mich einfach nicht befreien kann.

Nach einer unerwarteten Zusatznacht in Casablanca, weil angeblich unser Flugzeug überbucht war, sind wir wieder heil in der Schweiz angekommen und zehren noch sehr lange von diesen Erlebnissen. Mir fällt auf, dass ich immer wieder ins Schwärmen gerate, wenn ich von dieser Reise erzähle, obwohl ich noch nie in meinem Leben so lange unter so vielen Ängsten gelitten habe.

(Spannend, wie das Unterbewusstsein vieles aufnimmt und wiedergibt, was mit unserem Verstand nicht erklärbar ist. Und spannend, wie vieles sich aufklärt, wenn wir achtsam sind und unserem Herzensweg folgen. Auch wenn es erst Jahre später ist.)

Die Sahara ruft

Stefan und ich haben immer mal wieder darüber gesprochen, Elisa und Said zu besuchen, wenn sie das nächste mal in

Marrakesch Urlaub machen. Doch irgendwie hat es sich nie ergeben.

Vier Jahre nach dieser angsterfüllten und doch so zauberhaften Reise nach Marokko komme ich heute wie gewohnt zur Arbeit. Meine Freundin Samira und ihr Mann führen seit einigen Monaten ihr Geschäft im selben Gebäude, in dem auch ich meine Gesundheitspraxis habe. Samira kommt hoch und fragt mich, ob ich kurz Zeit hätte. «Natürlich, komm rein», sag ich zu ihr, «was gibt's?». Sie fragt: «Hättest Du Lust, mein Wüsten-Retreat mit Deiner Fotokamera zu begleiten?». Bäämm! Glücklicherweise stehe gerade ich an einer Wand, denn ich muss mich anlehnen. Mein ganzer Körper fängt an zu beben, mein Herz rast und die Tränen fallen mir wie Sturzbäche aus den Augen. «Ja!» ist alles, was ich in diesem Moment sagen kann. Ja! Der Rest erstickt in meinen Tränen. Wir spüren beide, dass es keine weiteren Worte mehr braucht. Doch was geschieht da gerade? Es fühlt sich an, als ob soeben ein Damm in mir gebrochen ist. Aber weshalb denn? Ich kann mir keinen Reim darauf machen. So viele Fragen, auf die ich keine Antworten habe. Erst Wochen später wird mir klar werden, dass meine Seele bereits heute wusste, welcher Stein gerade ins Rollen gebracht wurde.

Als ich wieder klar denken kann und der Verstand erfasst, was da gerade geschehen ist, rebelliert er natürlich vehement. Er erinnert mich an meine Panik vor dem Fliegen. Er erinnert mich daran, dass es in Marokko doch so viele gefährliche Menschen gibt. Obwohl ich ja bei meiner letzten Reise gar keinen solchen begegnet bin. Im Gegenteil. Er erinnert mich auch daran, dass in der Wüste immer wieder Touristen entführt werden. Und er erinnert mich daran, dass ich doch nicht einfach in die Ferien fliegen und Stefan alleine lassen kann. Ja, mein Verstand gibt mir gerade sehr viele Gründe, weshalb ich dieses so klare Ja, welches aus meinem tiefsten Innern kommt, wieder rückgängig machen soll. Ich danke ihm für seine Fürsorge und erkläre ihm behutsam, dass ich diesesmal nicht auf ihn, sondern auf mein Herz hören werde. Zugegeben, das kostet mich gerade unglaubliche Überwindung.

Ich berichte Elisa sofort von meinen Reiseplänen und sie erzählt mir, dass sie und ihr Mann zur selben Zeit in Marrakesch sein werden. Da ist natürlich sofort klar, dass ich einige Tage früher anreisen und sie noch besuchen werde. Doch unmittelbar nach diesem Telefongespräch erinnert mich mein Verstand erneut an meine Flugangst. Wie soll ich bloss alleine nach Marokko fliegen? Oh Mann, dieser Kampf zwischen Kopf und Herz ist gerade sehr herausfordernd. Und ich benötige extrem viel Kraft und Vertrauen, um aus diesem klaren Ja, das aus der Tiefe meines Herzens kommt, nicht aufgrund all meiner Ängste ein Nein zu machen.

Doch der Himmel schickt mir Unterstützung. Wie so oft. Denn Zufälligerweise (glaubst Du noch an Zufälle?) sucht eine

Bekannte nach Ihrer Ausbildung zur Hypnosetherapeutin gerade Probanden mit Phobien. Das kommt ja einmal mehr wieder wie gerufen. Ich melde mich bei ihr und wir vereinbaren einen Termin. Nach zwei Sitzungen fühle ich mich bereit, alleine nach Marrakesch zu fliegen. Nicht in den kühnsten Träumen hätte ich mir vorstellen können, dass ich jemals alleine irgendwohin fliegen würde. Vor vielen Jahren habe ich das einmal gewagt. Da habe ich mich jedoch so mit Beruhigungsmitteln zugedröhnt, dass sie mich nach 10 Stunden Flug wecken mussten.

Der Abreisetag rückt immer näher und ich fühle so sehr, dass sich gerade etwas Grosses anbahnt. Es geschehen auch ganz merkwürdige Dinge im Vorfeld. So viele Menschen wünschen mir schöne Ferien. Selbst solche, von denen ich seit Jahren nichts mehr gehört habe. Meine Mutter kommt sogar noch extra vorbei, um sich persönlich von mir zu verabschieden, was sie noch nie gemacht hat. Es ist schon fast gespenstisch. Sie alle scheinen diese starke Energie zu spüren, die mich seit dieser Frage von Samira umhüllt. Immer wieder schaltet sich mein Kopf ein und hat komische Ideen: «Werde ich vielleicht nicht mehr lebend zurückkommen, dass sich alle von mir verabschieden? Ich habe doch immer gewusst, dass es in Marokko gefährlich ist. Weshalb tu ich mir das an?» Jede Menge Schauermärchen spielen sich in meinen Gedanken ab. Und trotzdem lasse ich mich nicht davon abbringen. Denn dieses mal ist das Gefühl des Zaubers und des tiefen Vertrauens um ein Vielfaches grösser als die Angst. Diese versucht sich zwar immer noch mit aller Kraft in den Vordergrund zu drängen, aber der Ruf der Sahara und die Vorfreude auf dieses Abenteuer erstickt sie immer wieder im Keim. Ich fühle mich so stark und mutig wie nie zuvor.

Das Abenteuer beginnt

Und dann ist es endlich soweit. Zwei Uhr morgens. Der Wecker klingelt. Das grosse Abenteuer kann beginnen. Was wird mich wohl erwarten? Vorfreude und Angst vermischen sich. Doch auf der Fahrt zum Flughafen entspanne ich mich. Jedenfalls so lange, bis wir kurz davor, frühmorgens, in einem riesigen Stau stecken bleiben. Mein Puls fängt an, sich zu beschleunigen. Mit zittrigen Händen durchforste ich das Internet nach Informationen. Nichts. Wir stehen da und nichts geht mehr. Ich versuche, ruhig zu bleiben. Aber mein Herz rast immer schneller, je länger wir dort stehen. Langsam werde ich sauer. Und traurig. Was soll das? Ich habe mich so sehr auf diese Reise gefreut und jetzt soll ich den Flug verpassen? Ich fluche und weine gleichzeitig. Stefan versucht, mich zu beruhigen. Er ist in jeder Situation die Ruhe selbst. Wie schafft er das bloss immer? Es gibt nur etwas, was ihn aus der Haut fahren lässt und das ist, wenn er im Stau steht oder hinter ihm einer hupt. Da stehen wir nun, umgeben von einer Blechschlange, aus der es kein Entkommen mehr gibt und die Minuten vergehen gefühlt schneller als sonst. Auf einmal fängt auch Stefan an wie wild zu fluchen. Wie gesagt, das ist wohl die einzige Situation, die ihn je aus der Ruhe bringen kann. Ich denke mir: wenn wir jetzt beide durchdrehen, kommen wir auch nicht weiter und versuche, mich etwas zu beruhigen. Endlich fängt der Verkehr wieder an zu rollen und kurze Zeit später treffen wir am Flughafen ein. Schnell wie zwei Flitzebogen rennen wir zum Schalter und ich schaffe es gerade noch rechtzeitig, einzuchecken und meinen Koffer aufzugeben. Ein weiterer Sprint zur Passkontrolle, einen kurzen Schmatzer für meinen Liebsten und dann bin ich auf mich alleine gestellt. In meiner Aufregung finde ich das Gate nicht gleich auf Anhieb, was mich zusätzlich nochmal ein wenig in Wallung bringt. Doch irgendwie schaffe ich es doch noch rechtzeitig. Vollgepumpt mit Adrenalin treffe ich am Gate ein. Samira ruft mich an und fragt, ob nun alles geklappt hat und schon kann ich einsteigen. Das ist der Vorteil, wenn Du spät dran bist. Du hast keine langen Wartezeiten. Schliesslich sollen wir in Allem die Vorteile sehen.

Da sitz ich nun. Alleine in Reihe 7. Wasser und Bonbon im Fach des Vordersitzes – meine Notfallausrüstung für den Start – und Kopfhörer in den Ohren. Ich fühle, wie die Panik gerade in mir hochsteigen will. Doch ich erinnere mich daran, was ich in der Hypnose gelernt habe. Mir stehen zwei Möglichkeiten zur Auswahl: Entweder entscheide ich mich für mein altbekanntes Flug-Drama oder ich wende die Übungen an, die ich in der Hypnosesitzung gelernt habe. Nein, dieses Drama habe ich verabschiedet, das brauche ich nicht mehr. So stelle ich mir also vor, wie mein geistiges Team hinter mir steht und mich beschützt. Und tatsächlich fühlt es sich an, als ob ein Schalter umgelegt wurde. Ich entspanne mich total und lass mich genüsslich in die Rückenlehne sinken. Als der Motor anfängt aufzudrehen, freue ich mich wie ein kleines Kind, das sich gerade auf den Weg in ein ganz grosses Abenteuer macht und ich fühle in so einer Klarheit, dass ich jetzt gerade nicht nur im Flugzeug durchstarte, sondern dass dieser Moment auch ein Start in ein neues Bewusstsein ist. Unfassbar, aber zum ersten mal in meinem Leben finde ich Fliegen einfach toll!

Der Flug verläuft ruhig und ich bin völlig entspannt. Mein Verstand versucht immer mal wieder, mir einzureden, dass das gar nicht sein kann. Doch mein Herz bringt ihn zum Schweigen. Denn bevor ich wieder in mein altes Muster verfalle, verbinde ich mich mit diesem grossartigen Gefühl, welches ich habe, seit ich weiss, dass ich in die Wüste reise.

Elisa und Said holen mich am Flughafen ab. Gemeinsam verbringen wir ein paar fröhliche Tage in Marrakesch und machen einen Tagesausflug ans Meer. Die Zeit vergeht schnell und bald heisst es wieder, Abschied nehmen. Denn heute trifft Carla, eine der Seminarteilnehmerinnen, in Marrakesch ein. Wir verbringen den Abend im Puls der Stadt, bevor wir anderntags mit dem Jeep Richtung Süden der Sahara entgegenfahren, wo Samira und die restlichen Seminarteilnehmerinnen bereits auf uns warten. Die achtstündige Fahrt durch das imposante Atlas-Gebirge ist atemberaubend. Tatsächlich kann ich sie dieses mal geniessen. Stefan würde staunen, wenn er das sehen könnte. Die letzte Fahrt durch den Atlas verlief ein wenig anders.

Immer mal wieder werden wir bei den Polizeistützpunkten kontrolliert. Die Gesetzeshüter sind allgegenwärtig in Marokko. Gerade hält uns ein kleiner Polizist mit einer aufdringlich grellen Stimme an, schaut durchs Fenster und schimpft etwas auf französisch zu mir rüber. Ich verstehe nichts und schaue ihn fragend an. Carla hat ihn verstanden und macht mich darauf aufmerksam, dass ich meine Sicherheitsgurte nicht trage. Das erfreut den kleinen Giftzwerg, denn er kassiert gleich 50 Euro in bar. Ein ziemlicher Batzen für marokkanische Verhältnisse. Ich hoffe, dass er damit wenigstens etwas Schönes für seine Kinder kaufen wird.

Wir setzen unsere Fahrt fort. Bei einer weiteren Polizeikontrolle werden wir erneut angehalten. Diesesmal bin ich angegurtet. Doch irgendetwas scheint dem Polizisten an unserem Fahrer nicht zu gefallen. Dieser stellt den Jeep an den Strassenrand. Schlüssel steckt, Motor läuft. So lässt er uns da stehen und geht aufgebracht mit dem Polizisten zu einem kleinen Zelt – quasi dem Büro der Strassenpolizei. Carla und ich schauen uns mit grossen Augen an und wissen grad nicht, ob wir lachen sollen oder ob uns die Situation Angst macht. Wir entscheiden uns für Lachen und Ruhe bewahren. Nach einer gefühlten Ewigkeit kommt unser Fahrer zurück und erklärt uns, dass er Schelte bekommen hat, weil er eine

Sicherheitslinie überfahren hat, als er vorhin ein Auto überholte, welches fast unter der Last des Ladeguts zusammenbrach und dementsprechend über die Strasse kroch.

Die Wüstenoase empfängt uns

Die Fahrt geht weiter und es zeigen sich die ersten kleinen Dünen. Wir können wohl nicht mehr weit entfernt sein von unserer Unterkunft. Und dann, nach acht Stunden Fahrt treffen wir im Hotel des Wüstenparadieses Mhamid ein. Freudestrahlend werden wir von Samira begrüsst und wir beziehen unsere Zimmer. Wow, was für ein wundervoller Ort. Ich spüre sofort ein Gefühl von Ankommen. Oder sogar Heimkommen? Denn obwohl ich noch nie hier war, fühlt sich alles so… ich sag mal, vertraut an. Hmmm.

Nach einer Erfrischungsdusche treffen wir uns im Hotelrestaurant zum Abendessen. Es ist einfach nur wunderschön hier. Ich kann es noch gar nicht fassen, dass ich jetzt da bin. Noch einen kurzen Abstecher an die Bar und dann gehe ich schlafen. Ich falle in einen tiefen, ruhigen Schlaf. Trotzdem wache ich Nachts um drei auf, öffne die Augen und sehe… nichts. Einfach nichts. Es ist stockdunkel. Und ich meine wirklich stockdunkel. So etwas habe ich noch nie erlebt. Hier bekommt der Ausdruck rabenschwarze Nacht eine ganz neue Bedeutung für mich. Bei uns ist es, selbst wenn es dunkel ist, noch hell. Etwas nervös suche ich nach meinem Handy, denn diese Dunkelheit gibt mir ein ziemlich mulmiges Gefühl. Tatsächlich muss ich im Bad das Licht anlassen, damit ich wieder einschlafen kann. Das geht ja schon wieder gut los.

Ankommen

Anderntags steht bereits der erste Ausflug in die Sahara auf dem Programm. Mein Herz pocht. Aus verschiedenen Gründen. Einer ist, dass ich Respekt habe, mich auf den Rücken des Dromedars zu setzen. Ein anderer ist, dass ich Angst habe, dort zu übernachten, denn da werden doch immer wieder Touristen entführt oder umgebracht. Doch trotz allem ist es wieder da. Dieses Gefühl, welches sich so gross und so mutig anfühlt und so viel stärker ist, als die Angst. Dieses Gefühl, das ich nicht zuordnen oder benennen kann. Fasziniert schauen wir zu, wie die Dromedare beladen werden. Und dann ist es soweit. Wir dürfen aufsteigen und der Ritt auf dem Wüstenschiff kann losgehen. Noch etwas verkrampft halte ich mich am Handgriff fest, aber schon nach kurzer Zeit gewöhne ich mich an die Höhe und die Bewegungen und ich werde lockerer. Kaum haben wir die Wüste betreten, marschieren wir an einer Tafel mit der Aufschrift «Militärisches Sperrgebiet» vorbei. Na bravo, das kann ja heiter werden. Ich frage mich gleich wieder: Drama oder grossartiges Gefühl? Ich entscheide mich für das grossartige Gefühl. Wie schon so oft in den letzten Tagen und Wochen. Mehr und mehr entspanne ich mich auf dem Rücken dieses sanften Tieres und ich lasse mich auf den Rhythmus seiner Bewegungen ein, welche sich beruhigend und geborgen anfühlen. Und je mehr ich mich mit dem Moment verbinde, umso mehr realisiere ich, wo ich mich gerade befinde. Ich bin überwältigt vom Anblick der Wüste. Von der Stille. Der Weite. Dem Frieden. Der Freiheit. Ich kann gar nicht genug davon bekommen. Nach etwa zwei Stunden lassen wir uns unter einer Akazie nieder. Zum ersten mal setze ich einen Fuss in die Sahara. Was für ein magischer Moment. Ergriffen betrachte ich die Wüste aus dieser Perspektive. Sie ist anders als auf dem Dromedar. Aber nicht weniger imposant. Nun kann ich diese kraftvolle Energie der Sahara auch über die Füsse spüren. Und mein ganzes Wesen wird mit einem Gefühl durchflutet, welches ich nicht in Worte fassen kann. Es ist grossartig, tief, weise und so voller Geborgenheit und Liebe.

Am späteren Nachmittag, als die Temperaturen etwas kühler sind, reiten wir weiter zu unserem Schlafplatz. Ein Plateau inmitten von majestätischen Dünen. Ich steige ab, schau mich um und dann ist sie da. Wie ein Paukenschlag. Die Antwort auf dieses Gefühl, welches mich bei der Frage von Samira beben liess. Die Antwort auf dieses Gefühl, welches ich bis anhin nicht zuordnen konnte. Ich bin angekommen. Ich bin nach Hause gekommen. Mein Herz kennt diesen Ort. Es gehört hierher. Mein Verstand drückt sogleich auf den Alarmknopf: «Was angekommen? Was nach Hause kommen? Was mein Herz gehört hierher? Du bist hier in der Wüste! An diesem Ort, an dem Menschen entführt und umgebracht werden! Und es gibt hier nichts ausser Steinen, Sand und ein paar Büschen.» Die Stimme meines Verstandes weht mit dem

Sahara-Wind davon. Da sind nur noch dieses Gefühl und ich. Es hüllt mich vollends ein. Dieses Gefühl, welches ich nicht in Worte fassen kann. Dieses Gefühl, welches Du wahrscheinlich nur wahrnehmen kannst, wenn Du hier bist. Ich bin so überwältigt. So ergriffen. So dankbar. Für einen Moment muss ich mich aus der Gruppe rausnehmen, um das alles zu sortieren.

Schon bald geht die Sonne unter. Wir steigen auf eine der Dünen, um den Sonnenuntergang zu geniessen und den Tag zu verabschieden. Und da überkommt es mich. Die Tränen kullern. Erst ganz sanft und still. Dann brechen die Dämme. Tränen voller Ergriffenheit und Dankbarkeit. Tränen über ein

Gefühl, welches ich bisher noch nie gefühlt habe und für das es keine Worte gibt. Ankommen. Sein. Frieden. Stille. Freiheit. Weite. Geborgenheit. Liebe. Überfordert und gleichermassen hingebungsvoll lass ich alles geschehen.

Die Nacht im Zelt ist kalt. Sehr kalt. Ich trage Unterwäsche, Leggins, Jogginghosen, Socken und Wollsocken, Unterhemd, Rollkragenpulli und eine Faserpelzjacke und noch immer fühlt es sich an, als ob ich gleich erfrieren würde. Ob es wirklich nur die kalten Temperaturen sind, die mich so sehr frieren lassen oder wohl eher der Prozess, in den ich gerade mit voller Wucht geschleudert wurde?

Nach einer beinahe schlaflosen Nacht treffen wir uns wieder auf der Düne, um den neuen Tag zu begrüssen. Und wieder ist dieses überwältigende Gefühl da, welches ich nicht benennen kann. Ja, ich fühle es wieder. Ich fühle, dass ich diesen Ort kenne. Ich fühle, dass ich angekommen bin. Ich fühle, dass ich Teil dieses wunderschönen Ortes bin. Mein Verstand versucht mich noch einmal daran zu erinnern, dass das alles gar nicht sein kann. Aber mein Herz und jede einzelne Zelle meines Körpers sprechen eine andere Sprache. Mein Verstand gibt sich geschlagen.

Nach dem Frühstück werden die Zelte wieder abgebrochen, die Dromedare beladen und wir reiten zurück ins Hotel. Dort verbringen wir zwei weitere Seminartage im Seminarraum, bevor wir mit dem Jeep für eine Nacht in ein Luxus-Camp fahren. Dadurch, dass wir mit dem Jeep schneller vorankommen als mit den Dromedaren, erleben wir die Vielseitigkeit der Wüste. Verschiedene Gesteinsformationen und Farben, grosse Dünen, kleine Dünen, vereinzelte Akazienbäume und andere Büsche. Wir treffen ausserdem auf eine riesige Dromedarherde, essen Wüstenrucola und haben viel Spass bei der wilden Jeepfahrt. Das Luxuscamp ist wunderschön aufgebaut und ganz besonders abends, wenn die vielen schönen marokkanischen Lämpchen leuchten, ein Augenschmaus. Jedoch spüre ich sofort, dass das nicht die Art ist, wie ich die Wüste noch näher kennenlernen und erleben möchte. Wüste ist für mich Ursprung und Einfachheit, nicht Doppelbett, Dusche und WC.

Abends tanzen wir zu Trommelmusik und Wüstenliedern ums Lagerfeuer. Neben unserer Gruppe sind da auch Touristen aus Österreich, Südafrika und Asien. Nach einem ausgelassenen, fröhlichen Abend steht der Mann aus Südafrika auf und sagt: «Ahmet, Du hast hier etwas Einzigartiges erschaffen. Du bringst Menschen unterschiedlicher Herkunft, unterschiedlicher Kultur und unterschiedlicher Hautfarbe zusammen. Wir verstehen uns nicht, da wir nicht dieselbe Sprache sprechen. Aber das ist so was von egal. Wir haben einfach Spass zusammen und hier in der Wüste sind wir alle gleich. Danke dafür und gute Nacht». Ich kriege Gänsehaut. Ja, genau so ist es. In der Wüste ist es nicht relevant, woher Du kommst. Es ist nicht relevant, wie Du aussiehst. Und es ist nicht relevant, an wen oder was Du glaubst. Hier sind wir alle Menschen. Hier sind wir alle Eins. Gute Nacht. Ich muss jetzt auch schlafen gehen.

Die restlichen Tage des Retreats sind so intensiv geprägt von Klarheit, Glücklichsein, Traurigkeit, Wut, bis hin zum Gefühl, dass ich auf der Stelle sterben könnte, weil ich so absolut bei mir angekommen und wunschlos glücklich bin.

Der Abschied fällt mir sehr schwer. Eine Seite in mir freut sich riesig auf Stefan, auf meine Praxis, auf mein Zuhause. Die andere Seite weint, weil sie dieses Paradies, dieses Herzenszuhause, welches ich gerade erst entdeckt habe, schon wieder verlassen muss. Und jetzt wird mir auch klar, weshalb ich so Angst hatte, dass ich hier sterben würde. Ja, ich bin tatsächlich irgendwie gestorben. Viele alte Anteile in mir, die mich blockiert haben und die ich nicht mehr benötige, durfte ich transformieren und in den Weiten der Dünen hinter mir lassen. Was für ein unglaubliches Gefühl. Was für eine Befreiung. Was für ein Geschenk. So vielen Ängsten habe ich mich gestellt und dadurch so viel Freiheit und Leichtigkeit gewonnen. Diese tiefe Dankbarkeit, die mich für diese Erlebnisse erfüllt, kann ich nicht beschreiben.

Zurück im Alltag

Sprichwörtlich wie neu geboren komme ich zurück in die Schweiz. Oft ist es doch so, dass wir in den Ferien entspannt sind und kaum sind wir wieder im Alltag, sehen wir uns in den selben Mustern, Hamsterrädern und vor den selben

«Baustellen» wieder. Mir ging es jedenfalls immer so. Doch dieses mal ist es anders. Dieses offene Herz, diese Leichtigkeit, die Stille, die Weite, den Frieden und die Freiheit der Wüste begleiten mich seither. Besonders im Alltag spüre ich intensiv, dass sich so vieles in mir verändert hat. Ich bin viel mutiger, selbstbewusster und selbstsicherer geworden. Ich bin so stolz und glücklich, dass ich mich all diesen Ängsten, die ich im Zusammenhang mit dieser Reise hatte, gestellt habe. Dass ich sie angenommen habe. Dass ich mich mit ihnen versöhnt habe und dass ich mutig genug war, mich von ihnen nicht von meinem Herzensweg abbringen zu lassen. Die Erkenntnis, dass Ängste lediglich ein Konstrukt unserer Gedanken sind hilft mir enorm, mich nicht mehr so stark von ihnen irreführen zu lassen. Und zwar hat sich diese Erkenntnis nicht nur in meinem Kopf gebildet, sondern ist tief in meinem System verankert. Dies ist der wichtigste Aspekt überhaupt. Im Kopf wissen wir vieles. Leben können wir es aber erst, wenn es verinnerlicht ist. Deshalb ist es wichtig, dass wir es fühlen und erleben, bevor wir es integrieren können. Und das braucht oft Mut.

Ich komme wieder

Ein halbes Jahr später. Wir sind wieder da. Samira, ihre Seminargruppe und ich. Dieses mal fokussiere ich mich auf meine Arbeit als Fotografin und versuche, mich nicht so sehr meinen eigenen Prozessen hinzugeben. Ich spüre den Zauber der Wüste nicht so intensiv wie beim letzten mal, da ich mein Herz etwas verschlossen lasse, um eine zufriedenstellende

Arbeit zu machen. Deshalb frage ich mich, ob dieses Gefühl von Ankommen, von Herzensheimat, von hier-gehöre-ich-hin bloss eine falsche Projektion war?

Wir verbringen auch dieses mal wieder bewegende und herzerfüllende Seminartage. Und haben bereits im Vorfeld entschieden, einen Tag länger zu bleiben. Heute steht relaxen am Pool auf dem Programm. Doch irgendwie gelingt es mir einfach nicht, mich zu entspannen. Ich bin innerlich total unruhig und aufgewühlt. So packe ich meine Kamera und gehe auf Fotosafari im Hotelareal. Vorne bei der Reception treffe ich auf Hassan. Er ist einer der Brüder, denen das Hotel gehört. Wir plaudern ein wenig und er fragt mich, ob wir Lust hätten, heute Abend noch einmal in die Wüste zu fahren. Was für eine Frage. Natürlich! Mein Herz reisst auf, mein Körper bebt und ich muss die Flucht ergreifen, da ich spüre, dass mein «Wüstensyndrom» wieder losgeht. Ich geh zu den anderen Mädels am Pool und erzähle ihnen, dass wir noch einmal in die Wüste fahren können, wenn wir möchten. Danach muss ich mich sofort in mein Zimmer zurückziehen, weil ich meine Tränen nicht mehr länger zurückhalten kann. Nun ist es wieder da. Dieses Gefühl vom letzten mal, welches ich all die Tage hier nicht zugelassen habe, weil ich meine Arbeit gut machen wollte. Ich schliesse mich in meinem Zimmer ein und weine hemmungslos. Mein Körper bebt. Mein Herz auch. Und mein Kopf kann nach wie vor immer noch nicht verstehen, was da vor sich geht. Abends fahren wir zu einem Camp in der Nähe des Hotels. Wir scheinen die einzigen Besucher zu sein. Um noch ein letztes mal den Sonnenuntergang zu geniessen, steigen wir auf die Düne. Dieser Gedanke ist unerträglich und mein Herz ist zerrissen. Einmal mehr kann ich meine Tränen nicht zurückhalten, denn es fühlt sich schon wieder so an, als müsste ich mein Zuhause verlassen. Unten beim Camp wird ein Feuer angezündet, wir trinken Wein und lauschen der Wüsten-Musik des Campwartes. Was für ein wunderbarer Abschied. Ich bin berührt und zerrissen zugleich. Und ich kann diese Gefühle einfach nicht zuordnen. Ich verstehe nicht, was mit mir geschieht und deshalb weiss ich auch nicht, was mir helfen könnte. Ich höre auf, darüber nachzudenken, lass die Gefühle einfach zu und den Tränen freien Lauf. Zurück im Hotel wartet eine herzberührende Überraschung auf uns. Unser Tisch ist zum Abschied liebevoll mit Blüten dekoriert und zum Abendessen gibt es eine Tajine. Kleine Gesten grosser Wertschätzung, die uns alle tief im Herzen berührt. Nach dem Abendessen setzen wir uns noch kurz an die Bar, bevor wir die Nacht im Taxi verbringen, welches uns quer durch den Atlas nach Marrakesch zum Flughafen fährt.

Sehnsucht (stillen)

Im Gegensatz zum letzten mal fällt es mir dieses mal sehr schwer, wieder nach Hause zu fliegen. Zurück in der Schweiz steht meine Welt Kopf. Es ist zwar alles sehr vertraut, bekannt und gewohnt hier, aber mein Herz leidet. Die Sahara hat in mir etwas eröffnet, was gerade nicht kompatibel ist mit dem

Leben hier in der Schweiz. Ich kann dieses Etwas jedoch nicht in Worte fassen oder erklären. Es ist einfach ein zerstreutes, zerrissenes Gefühl im Herzen. Doch was soll ich denn bloss machen? Ich kann ja jetzt nicht alle Zelte hier abbrechen und abhauen. Mein korrektes Schweizerblut sagt mir das ziemlich deutlich. Aber auch mein Herz sendet mir ganz klar die Botschaft, das nicht zu tun. Doch wie soll ich bloss mit dieser Sehnsucht und der Zerrissenheit umgehen? Es fühlt sich an, als ob ich als kleines Mädchen unter dem Christbaum sitze, ein riesengrosses Geschenk bekomme, die Schleife des Geschenks abnehmen darf, um dann wieder weit weg zu fahren und das Geschenk zurückzulassen im Wissen, dass dort etwas Grosses, Wichtiges und emotional Wertvolles auf mich wartet. Ich versuche zu verstehen, was gerade los ist. Ich spüre ganz klar, dass mein Herz so weit offen ist, wie es noch nie in meinem ganzen Leben war. Gross, weit und splitternackt strahlt es durch meinen Brustraum. Ich fühle so viel Liebe für mich und für alles, was ist. Und gleichzeitig ist da diese Sehnsucht nach meinem «Zuhause», dort in dieser kargen Landschaft mit den wunderschönen Sanddünen.

Ein paar Tage nach meiner Rückkehr ruft mich Hassan vom Hotel an. Er fragt mich, ob ich mir vorstellen könnte, ebenfalls Wüstentrekkings für meine Kunden anzubieten. Auf diese Idee wäre ich niemals gekommen. Ich fühle aber sofort, wie mein Herz bei dieser Frage wie wild anfängt zu pochen. Doch das Pochen wird ziemlich schnell unterbrochen, weil ich mich frage, ob es wohl für Samira okay sein würde, wenn ich das mache. Ich werde das gleich heute Abend mit ihr besprechen, da wir uns eh verabredet haben. Bis dahin überlege ich mir noch, wie das alles aussehen könnte.

Es ist kurz vor Weihnachten. Ich fälle ich spontan den Entschluss, zwischen Weihnachten und Neujahr alleine in die Sahara zu reisen. Ich muss dieser Sehnsucht nachgehen, die mir mein weit geöffnetes Herz immer wieder sendet. Stefan unterstützt mich wie gewohnt in meinen manchmal etwas unerklärlichen und verrückten Herzensimpulsen, wofür ich ihm auch dieses mal wieder so unglaublich dankbar bin. Es beeindruckt mich immer wieder aufs Neue, wie sehr er fühlt, wenn ich meinem Herzen folgen muss. So bringt er mich an diesem 26. Dezember zum Flughafen und ich mache mich auf den Weg, meiner Sehnsucht auf die Spur zu kommen. Zum ersten mal reise ich alleine. Noch vor wenigen Monaten wäre das für mich undenkbar gewesen. Ich habe Menschen, die alleine reisen, immer unglaublich bewundert. Niemals, wirklich niemals im Leben hätte ich mir vorstellen können, das auch zu tun. Und schon gar nicht nach Marokko – in dieses ach so gefährliche Land. Ich muss wieder schmunzeln, während ich das schreibe. Nun gut, ich werde dort einige Menschen kennen und deshalb nicht ganz alleine sein. Trotzdem ist es für mich ein grosser Schritt.

Da sitze ich nun also. In diesem Flugzeug nach Marrakesch. Alleine. Und ich habe keine Ahnung, was mich auf diesem, meinem dritten Wüstenabenteuer erwartet. Verschiedene

Gründe haben mich zu dieser Reise bewogen. Einerseits eine unbändige Sehnsucht, andererseits Flucht, aber auch das Gefühl, alte Wunden zu heilen und das riesige Bedürfnis nach Stille, Alleinsein, Zeit für mich, Zeit für meine Gedanken, Zeit für meine Gefühle.

Der Hinflug ist schon voller Zauber und Magie. Wir fliegen lange Zeit mit der Sonne mit, was mir einen gefühlt ewig andauernden Sonnenaufgang beschert. Irgendwann ist die Sonne schneller und verzaubert die Wolkendecke in die wundervollsten pastellfarbenen, engelsgleichen Bilder. Entlang des Ozeans wirft die Sonne einen breiten, goldenen Lichtstrahl ins Wasser und rückt die spielzeuggrossen Fischerboote ins Rampenlicht. Es gibt keine Worte, die ausdrücken, welche Gefühle dieses Naturschauspiel in mir auslöst. Ja, der Neumond und die Sonnenfinsternis, die exakt mit dem Start meines Fluges stattfinden, haben es in sich. Sogar zwei nebeneinanderliegende herzförmige Seen ziehen unter mir vorbei. Liebe pur. Einmal mehr. Ja, die Liebe ist allgegenwärtig auf meinen Wüstenreisen. Liebe für mich, Liebe für die Mitmenschen, Liebe für die Natur, liebe für das Leben, liebe für das Universelle Grosse.

Drei Stunden später lande ich in Marrakesch. Hassan vom Hotel holt mich am Flughafen ab. Noch einige Besorgungen seinerseits und los geht sie, die siebenstündige Fahrt über das imposante Atlasgebirge. Auch nach dem vierten Mal ist diese Fahrt wieder ein ganz besonderes Erlebnis und ich bin so tief berührt von dieser wundervollen Bergwelt. Auf einer langen Geraden erlebe ich ein weiteres herrliches Naturschauspiel. Der Himmel ist ein wenig Dunstverhangen und die Sonne versucht, sich durchzusetzen. Auf einmal erscheint vor uns ein regenbogenfarbener Kreis um die Sonne und taucht die Gegend in eine mystische Atmosphäre. Ich bin ergriffen und mir rollen die Tränen übers Gesicht. Tiefe Dankbarkeit erfüllt mich und ich erkenne gerade auch wieder, auf welch wundervollem Planeten wir leben.

Und dann tauchen sie endlich auf. Die zwei Türme des Hotels. Es fühlt sich wieder an, wie nach Hause kommen. Freudig werde ich begrüsst von den Menschen, die ich bei meinen letzten beiden Besuchen hier bereits kennenlernen durfte. Und einmal mehr bin ich so sehr berührt über die Herzlichkeit an diesem Ort. Ich beziehe mein Zimmer und stelle mich der nächsten Herausforderung. Alleine zu Abend zu essen. Ja, das ist nun wirklich ein ganz blödes Gefühl. Ich fühle mich ziemlich fehl am Platz und einsam. Mist, was habe ich mir mit diesem Urlaub so alleine nur eingebrockt. Aber jetzt bin ich nun mal hier und muss da durch. Und he, ich hab's überlebt. Heute und auch an den Tagen danach. Ich gebe zu, es hat mir sehr geholfen, dass ich einige Mitarbeiter vom Serviceteam bereits kenne und sie sich oft mit mir unterhalten.

Ich verbringe die Tage bis zu Silvester im Hotel. Schreiben, Musik hören, dolce far niente und mich mit meiner Sehnsucht beschäftigen gehören zu meinem Tagesablauf. Und dazwischen verbringe ich jede Menge fröhliche Stunden mit den Mitarbeitern hier. Wir lachen viel und sie versuchen, mir ihre Sprache beizubringen, was sich als ziemlich hoffnungslos herausstellt. Was meinen Jahreswechsel in den Dünen anbelangt, weiss ich auch heute, am 31.12., noch immer nicht, ob das wirklich klappt. Meine Nerven sind bis zum Zerbersten angespannt. Die Wüste wird in diesen Tagen überschwemmt von Touristen und es sieht aktuell grad nicht so aus, als ob es noch einen freien Platz für mich hätte da draussen. Am Mittag dann aber die erlösende Nachricht: Jaaaaaa, ich werde Silvester in den Dünen verbringen. Mein Herz bebt, ich zittere am ganzen Körper, mir wird schwindlig und die Tränen laufen mir wie Sturzbäche übers Gesicht. Da ist es erneut, dieses Wüsten-Syndrom.

Abends werde ich mit einem Jeep ins Camp gebracht, wo bereits johlende Touristen in Silvesterlaune sind. Die Berber holen ihre Instrumente heraus und spielen am Feuer. Meine Gefühle sind ziemlich durchmischt. Einerseits spüre ich den Zauber der Dünen, andererseits bin ich sehr irritiert über den Rummel hier draussen. Denn das, was ich an der Wüste so sehr liebe, die Stille, die Geborgenheit und die Freiheit, kann ich in diesem Tohuwabohu gerade nicht wahrnehmen. Und trotzdem freue ich mich so sehr, hier sein zu dürfen. Um Mitternacht knallen die Korken, es gibt Sekt und Kuchen und alle schreien wild durcheinander. Ich erkenne, dass die Menschen die Wüste unterschiedlich wahrnehmen. Ob die Touristen, die hier an diesem für mich heiligen Ort wohl die

Magie der Sahara spüren, während sie einen Feiertag lauthals zelebrieren, den die Menschen, die hier leben, gar nicht feiern? So schaue ich dem Spektakel noch ein wenig zu und gehe dann ziemlich bald schlafen.

Als ich am Morgen die Augen öffne, überkommt mich erneut ein Gefühl von tiefer Dankbarkeit, hier sein zu dürfen. Ich ziehe mich an und suche mir einen Platz in den Dünen, an dem nicht so viele Menschen sind. Meine Füsse vergrabe ich tief im noch kühlen Sand und ich kann mein Glück kaum fassen, dass ich den ersten Tag des neuen Jahrzehnts an dem Ort sein darf, an dem mein Herz ein zweites Zuhause gefunden hat. Ich sauge dieses Gefühl auf und platziere es in jeder einzelnen Zelle meines Körpers. Hassan fragt mich, ob ich gerne noch etwas bleiben, oder lieber mit zurück zum Hotel fahren möchte. Was für eine Frage. Sehr gerne möchte ich noch in meinen geliebten Dünen bleiben. So ziehe ich los, spaziere von einem Sandhügel zum nächsten und bin einfach nur glücklich. Glücklich auch, dass die vielen Menschen langsam abziehen und ich die Wüste so quasi wieder für mich alleine habe. Ich lege mich in den Sand, der langsam wärmer wird und spüre erneut dieses Glücksgefühl, dieses Ankommen, dieses Heimkommen, aber auch dieses Gefühl der Sehnsucht. So liege ich da und lass einfach alles geschehen, was sich gerade zeigen möchte. Nach einer Weile kehre ich zurück ins Camp, in der Erwartung, dort auf ein paar Menschen zu treffen. Aber da ist niemand mehr. Alles ist still und wie ausgestorben. Ich werde etwas nervös, denn darauf war ich jetzt nicht vorbereitet. In dem Moment, in dem ich realisiere, dass ich alleine hier draussen bin, deckt es mich wie eine Lawine zu und ich fühle mich einsam, verlassen und habe schreckliche Angst, nie mehr wieder in die Zivilisation zurückzukommen. Die Dramaqueen in mir lässt mich noch mehr in diese Gefühle reinsteigern und ich heule Rotz und Wasser. Irgendwann stelle ich fest, dass es nicht nur Tränen der Angst sind. Diese Tränen und das dazugehörige Gefühl lernte ich bei meinem ersten Wüstenbesuch kennen. Es kommt aus dieser Tiefe, in die ich zuvor noch nie eingetaucht bin. Zuordnen kann ich all das nach wie vor nicht, aber diese Tränen waren und sind so unglaublich befreiend und heilsam. Es fühlt sich so an, als ob ich ganz viel alten Ballast, den ich nun nicht mehr benötige, in den Dünen zurücklassen darf. In meinem Desaster rufe ich Hassan an und bitte ihn, mich abzuholen. Da das Camp etwa zwei Fahrstunden vom Hotel entfernt ist, dauert meine Rettung ein wenig länger. Ich bin fix und alle und total durch den Wind. Zumal heute auch noch mein letzter Abend ist und ich mich von diesen wunderbaren Menschen und diesem zauberhaften Ort erneut versabschieden muss. Voller Wehmut sage ich nach dem Abendessen allen tschüss. Ich verlasse das Hotel und fahre mit einem wildfremden Marokkaner mitten durch die Nacht quer durchs Atlasgebirge nach Marrakesch. In meinem Abschiedselend muss ich trotzdem über mich grinsen. Noch vor fünf Jahren beschlich mich die nackte Panik in diesen Bergen und heute lasse ich mich vertrauensvoll von diesem Mann durch die Nacht chauffieren. Am Flughafen angekommen, freue ich mich nun doch schon langsam darauf, wieder in die Schweiz zurückzukehren. Der Flug ist total chillig, ich kann sogar schlafen. Das gab es auch noch nie. Beim Landeanflug in Basel fühle ich, dass dieses mal mein Herz auch wieder mit in die Schweiz gekommen ist. Ich warte auf den Zug, verbringe nochmal mehr als drei Stunden in der Bahn und dann, nach abenteuerlichen 21 Stunden, komme ich wieder heil zu Hause an. Ich bin so erfüllt, so voller Stolz und so unendlich dankbar über dieses Erlebnis. Und ich spüre einmal mehr, welch unfassbare Power es mir verleiht, immer mal wieder Grenzen zu sprengen, sich vertrauensvoll in solche Herzensabenteuer zu stürzen und sich einfach dem hinzugeben, was gerade ist. Ich bin so bewegt und berührt über diese Geschenke. Und ich freue mich schon jetzt, wenn ich in zwei Monaten bereits wieder im Flugzeug Richtung Marokko unterwegs sein werde. Denn dann findet das nächste Seminar von Samira in der Sahara statt und ich darf wieder mit meiner Fotokamera dabei sein.

Planänderung

Erfüllt und genährt mit Wüstenenergie starte ich im neuen Jahr wieder mit der Arbeit und fühle mich einfach toll. Die Sehnsucht, die nach wie vor immer mal wieder anklopft und die Probleme zu Hause, bitte ich, sich für einige Zeit zurückzuziehen, damit ich dieses Gefühl von genährt und erfüllt sein geniessen kann. Ich würde ja eh bald wieder in der Sahara sein, dann kann ich mich dort wieder diesen vielen Themen widmen, die seit meinem ersten Wüstenbesuch aufploppen. Mit diesem glücklichen Gefühl und dem offenen Herzen vergeht die Zeit wie im Fluge. Und bereits sitze ich wieder am Flughafen. Wer hätte gedacht, dass ich jemals so oft fliegen würde. Und dann auch noch nach Marokko – in dieses gefährliche Land. Erneut muss ich schmunzeln. Was für geniale Geschenke das Leben doch bereit hält, wenn wir uns mit unseren Ängsten anfreunden und auf unsere Herzensimpulse hören. Die Kraft dahinter ist einfach enorm. Wie gesagt, ich sitze wieder am Flughafen. Entgegen aller Pläne jedoch alleine. Samira und ihre Gruppe sind zwar auch hier, aber wir werden separat reisen, denn es hat sich verschiedenes verändert, seit ich mich dazu entschieden habe, das Angebot von Hassan anzunehmen und ebenfalls Wüstenreisen anzubieten. So werde ich während dieser Reise vier Nächte alleine in der Wüste verbringen. Also natürlich nicht ganz alleine, sondern mit zwei Führern und ein paar Dromedaren. Ich bin schon ganz aufgeregt und voller Vorfreude. Am Flughafen von Marrakesch nehme meinen Koffer vom Band und düse zum Ausgang, denn ich kann es kaum erwarten, endlich nach Mhamid zu kommen. Der Chauffeur wartet bereits auf mich. Ich steige ein und hoffe, dass er mich schnellstmöglich zum Hotel bringt. Doch leider ist dem nicht so. Ich kann nicht einordnen, ob er einfach ein gemütlicher Kerl ist oder ob er denkt, er müsse schauen, dass ich keine der Bodenwellen der aufgerissenen Strassen spüre, wenn er darüber fährt. Gerne würde ich ihn ein bisschen anschubsen, da mein Herz fast zerspringt vor lauter Vorfreude. Nach über zehn Stunden Fahrt, kommen wir endlich in Mhamid an. Unterwegs habe ich Hassan geschrieben, ob wir das Trekking vielleicht um einen Tag verschieben könnten, da die Reise nun um einige Stunden länger gedauert hat und ich so spät im Hotel ankommen werde. Ist natürlich kein Problem. In Marokko können Pläne immer kurzfristig angepasst werden. So nach dem Motto: geht nicht, gibt's nicht. Erschöpft, aber unendlich glücklich, beziehe ich mein Zimmer und schlafe ziemlich schnell ein.

Hier schlafe ich immer tief und fest und fühle mich am Morgen total ausgeschlafen. Ich öffne meine Augen und bin so unendlich glücklich und dankbar, schon wieder hier sein zu dürfen. Heute nehme ich es gemütlich und hänge ein bisschen am Pool rum. Wenn ich an das Trekking denke, werde ich ziemlich nervös. Welches Pferd hat mich denn geritten, dass ich mich darauf einlasse, mit zwei wildfremden Männern alleine in die Wüste zu gehen? Aber ich kenne Hassan mittlerweile ziemlich gut und ich weiss, dass ich ihm diesbezüglich vertrauen kann. Trotzdem bleibt so ein kleines, mulmiges Gefühl im Bauch. Beim Abendessen erzählt mir Mohammed vom Restaurant, dass ich einen der Führer, der mich morgen begleiten wird, bereits von einem früheren Ausflug in die Wüste kennen würde. Mir fällt ein Stein vom Herzen und so schau ich diesem Abenteuer bereits etwas gelassener entgegen. Nach dem Abendessen gibt es noch einen kurzen Schlummertrunk an der Bar und dann gehe ich schon bald schlafen.

Sahara – ganz ursprünglich

Mein Wecker klingelt und ich muss mich erst einmal orientieren, wo ich bin. Blitzartig fällt mir ein, dass gleich mein Wüstenabenteuer losgehen wird. Mein Herz pocht bis zum Hals. Vorfreude, Respekt, vielleicht auch ein bisschen Angst und viele Fragen: Was tu ich bloss alleine fünf Tage lang in der Wüste? Wie werde ich mich den Wüstenführern mitteilen, wenn etwas ist? Halte ich das emotional aus? Fragen über Fragen. Ich habe Mohammed vom Restaurant gebeten, mir eine marokkanische SIM-Karte zu besorgen, damit ich mich im Notfall bei ihm melden könnte. Das gibt mir ein bisschen Sicherheit. Und dann geht es los. Die Dromedare sind beladen, meine beiden Wüstenführer startklar und ich versuche, mich auf die freudigen Gefühle zu fokussieren. Bis zum ausgetrockneten Flussbett gehen wir zu Fuss. Die Männer haben ein ordentliches Tempo drauf. Man spürt, dass sie Kinder der Wüste sind und sich schneller und einfacher auf den Steinen und dem Sand bewegen können als ich. Auch die Hitze beeindruckt sie herzlich wenig, während ich mit hochrotem Kopf hinterher sprinte. Beim Flussbett angekommen, fragen sie mich mit besorgtem Blick auf mein Tomatengesicht, ob alles in Ordnung sei. Ja ja, natürlich, antworte ich. Ob sie mir das glauben, bleibt wohl für immer ein Geheimnis. Sie fragen, ob ich reiten oder zu Fuss weitergehen möchte. Ich möchte gerne gehen und die Wüste einmal zu Fuss so richtig spüren. Es ist ein herrliches Gefühl, die Sahara Schritt für Schritt zu spüren. Fasziniert betrachte ich gefühlt jeden Stein. In allen Farben und Formen liegen sie da. Am liebsten würde ich das halbe Flussbett in einen LKW packen und mit nach Hause nehmen. Steine faszinieren mich schon seit je her.

Und dann endlich liegen sie da. Direkt vor mir. Die ersten Dünen. Und sogleich ist es wieder da. Dieses Gefühl. Dieses Wüstensyndrom, welches sich beim Anblick der Dünen schlagartig bemerkbar macht. Ich bin erneut so berührt und versuche krampfhaft, meine Gefühle zu kontrollieren. Doch als ich oben auf der Düne ankomme und in die Weite der Sahara schaue, muss ich meinen Tränen freien Lauf lassen. Diese Magie, diese Stille, diese Weite, dieser Frieden und diese Freiheit und Geborgenheit. Es gibt einfach keine Worte, die auch nur annähernd beschreiben können, wie sich das anfühlt. Youssef, einer der Wüstenführer, schaut mich besorgt an und versucht herauszufinden, was los ist. Er spricht nur die Sprache der Berber und zwei, drei Worte Französisch. Ich erkläre ihm mit Händen und Füssen, dass ich einfach nur glücklich und berührt bin. Ana farhana. Ich bin glücklich. Nachdem ich mich wieder gefangen habe, ziehen wir weiter, bis wir zum ersten Nachtlager kommen. Ich dachte, ich sei schlau und habe mir vor der Reise extra noch ein tolles Paar Trekkingschuhe gekauft. Denn schliesslich habe ich ja auch ein Trekking gebucht. Die sind jetzt ziemlich schnell gefüllt mit Sand, Steinen und was es sonst noch so auf dem Wüstenboden zu finden gibt. Als wir am Abend beim ersten Lagerplatz ankommen, ziehe ich Schuhe und Socken aus und fass mir an den Kopf, als ich meine blasenübersäten

Füsse sehe. Autsch. Die beiden Männer klären mich auf, dass ich für ein nächstes Mal Socken und Sandalen anziehen soll. Danke für den Hinweis. Kurzerhand werden meine Blasen noch mit einem Palmblatt aufgestochen und somit ist dieses Problem gelöst.

Zuerst wird mein Wüsten-Wohnzimmer eingerichtet. Aus Matten und Decken zaubern die beiden Männer ein lauschiges Plätzchen, bringen Tee, Nüsse und Früchte und bitten mich, Platz zu nehmen. Dann bauen sie das grosse Zelt auf, welches als Küche und als Schutz für Gepäck und Lebensmittel dient. Während ich relaxe und die magische Saharaenergie in mir aufsauge, verschwinden die beiden im Zelt, und schon bald zieht ein leckerer Duft an meiner Nase vorbei. Das Abendessen brutzelt vor sich hin. Meine Anspannung löst sich mehr und mehr, denn ich spüre, dass meine zwei Begleiter sehr zurückhaltend und freundlich sind. Beim Abendessen haben wir sehr viel Spass und sie erklären mir einiges über das Leben in der Wüste. Es ist total faszinierend, denn obwohl wir nicht die gleiche Sprache sprechen, verstehen wir uns. Wenn wir uns über die Herzen miteinander verbinden, fällt die gelernte Sprache nicht mehr so sehr ins Gewicht. Später ruft Mohammed vom Restaurant an und fragt, ob alles in Ordnung sei. Ich habe mich sehr darüber gefreut und es gibt mir ein Gefühl von Sicherheit, zu wissen, dass wir übers Handy verbunden sind.

Wir sitzen am Lagerfeuer und das Sternenmeer zeigt sich einmal mehr von so einer gigantischen Grösse und Schönheit, für die es keine Worte gibt. Youssef schnappt sich einen Wasserkanister und funktioniert ihn kurzerhand zu einer Trommel um. Es wird musiziert, gesungen und gelacht. Die Lebensfreude dieser Menschen ist einfach ansteckend und fasziniert mich immer wieder aufs Neue. Und nach dieser Showeinlage steht schon eine leckere Tajine vor mir. Mein Magen fühlt sich etwas flau an und mir ist eigentlich nicht nach Essen. Die Aufregung, die Hitze, mein Wüstensyndrom und der Gedanke an die bevorstehende Nacht bringen meinen Magen ziemlich aus dem Gleichgewicht. Die Vorstellung, alleine im Igluzelt zu schlafen fühlt sich ehrlich gesagt etwas beängstigend an. Ich glaube, die Männer fühlen das und so fragt mich Youssef, ob ich mit Ihnen im grossen Zelt, in unserem Wohnzimmer, schlafen möchte. Ob das eine gute Idee ist, frage ich mich? Aber fühlt sich immer noch sicherer an, als alleine im Iglu. Ich sage ihm, dass ich gerne hier im grossen Zelt schlafen möchte. Und so richtet er mir in einer Ecke meinen Schlafplatz ein. Sie beide schlafen in der entgegengesetzten Ecke und somit erübrigen sich meine Unsicherheiten gleich wieder. Ich schliesse meine Augen und falle ziemlich schnell in einen tiefen, ruhigen Schlaf.

Nächster Morgen. Hurra, ich lebe noch! Und wie ich lebe! Ich freue mich so unsagbar auf diesen nächsten Wüstentag, denn ich weiss jetzt, dass ich hier in der sicheren Obhut der Dünen bin und meinen beiden Wüstenführern vollends vertrauen kann. Ausserdem ist da ja noch Mohammed, mit dem ich per Telefon verbunden bin. Also Jungs, lasst uns weiterziehen. Nach dem Frühstück packen die Männer wieder alles zusammen, beladen die Dromedare und wir marschieren weiter. Unterwegs ruft Mohammed an. Er sagt, dass er uns heute Abend besuchen wird. Oh wie sehr ich mich darüber freue. Es darf es bloss niemand erfahren, dass er kommt sonst ist er seinen Job im Hotel los und im schlimmsten Fall kommt er ins Gefängnis. Wie bitte? Ich bin grad ziemlich erschüttert über diese Tatsache. Also von mir wird niemand etwas erfahren.

Wieder zeigen mir meine beiden Wüstenführer die wunderschönsten Plätze. Ich kann mich kaum sattsehen an den Dünen, den Steinen, den Pflanzen und der Weite. Ich kann mich kaum sattfühlen an dieser Geborgenheit, dieser Ruhe, dieser Stille, diesem Frieden und dieser Freiheit. Manchmal fühlt es sich an, wie nicht von dieser Welt. Und dann fühle ich wieder so stark diese Verbundenheit, wie ich sie wohl noch nie in meinen ganzen Leben gefühlt habe. Eine absolute und klare Verbundenheit mit Erde und Himmel.

Am späteren Nachmittag treffen wir bei unserem Nachtlager ein. Die Dromedare werden erneut entladen, das Wohnzimmer und die Küche aufgestellt und Youssef verzieht sich wieder in die Küche, von wo schon bald der vertraute Geruch von leckerem Essen um meine Nase zieht. Auf einmal herrscht freudige Aufregung. Youssef ruft mich auf die Düne und zeigt in eine Richtung, aus der angeblich das Motorrad mit Mohammed auf dem Sozius zu sehen sein soll. Aber ich kann überhaupt nichts sehen. «Doch», sagt Youssef, «schau mal, da vorne die Staubwolke, die das Motorrad hinter sich herzieht.» Staubwolke? Ich sehe nichts als Sand, Sand und nochmal Sand. Ach nein, da gibt es ja auch noch einige Steine und Büsche. Ein letzter verzweifelter Versuch von Youssef, mir das nahende Motorrad zu zeigen und dann entdecke ich es. Er scheint erleichtert zu sein, dass das europäische Auge es endlich auch geschafft hat, zu sehen, was er mit seinen Wüstenaugen schon lange sah. Und ich stelle fest, dass mein Herz ziemlich laut und schnell klopft, bei dem Gedanken daran, dass Mohammed uns besucht. Ich ignoriere das aber gefliessentlich. Was soll das eigentlich? Die Freude ist bei allen riesig, als er und sein Chauffeur bei uns eintreffen. Wie die uns gefunden haben, ist mir echt ein Rätsel. Sieht hier doch für mein Auge alles gleich aus.

Abends knistert wieder vertraut das Lagerfeuer. Die Männer sitzen drum herum und unterhalten sich. Ich lege mich auf den Rücken, bestaune die gigantische Milchstrasse und höre dem Knistern des Feuers und den Stimmen der Männer zu. Mein Atem geht ganz ruhig und ich fühle wieder diese Verbundenheit mit allem, was ist. Fühle mich geborgen im Schoss von Mutter Erde und bin einfach zutiefst dankbar, diesen Augenblick erleben zu dürfen.

Am nächsten Morgen fährt Mohammed mit seinem Fahrer wieder zurück und ich verbringe noch drei weitere unvergesslich schöne, fröhliche und erlebnisreiche Tage mit Youssef und Ibrahim in der Wüste. Die Zeit vergeht wie im Flug. Niemals hätte ich das gedacht. Ich hatte Angst, dass die Zeit schleichen würde, dass ich nicht wissen würde, was ich so lange alleine mit zwei Männern, deren Sprache ich nicht sprach, machen würde. Es waren die wohl lehrreichsten, erlebnisreichsten und erfüllendsten Tage, die ich je erlebt habe. Denn mir wurde in dieser Zeit einmal mehr so klar, dass in dieser scheinbaren Einöde von Sand, Steinen und ein paar Sträuchern und Akazien so vieles verborgen liegt. Hier finden wir alles, was wir benötigen, um bei uns anzukommen, um unser Herz zu fühlen und den Moment zu erleben. So viel Fülle und so viele nährende Gefühle liegen hier in den Weiten der Sahara. Alles, was unser Herz zum Singen bringt, bringt die Wüste zum Vorschein. Und nicht nur das. Sie bringt auch alle Schatten ans Licht, was sich manchmal nicht besonders schön anfühlt, jedoch unglaublich heilsam ist.

Zurück im Wüstenhotel erreicht mich wieder ein bisschen Zivilisation und somit auch der Kontakt in die grosse, weite Welt. Überall liest und hört man von diesem Virus, das uns angeblich alle in erhebliche Gefahr bringen soll. Ich lese sogar, dass der Fussballverein in unserem Dorf deswegen die Spiele abgesagt hat. Ich kann diese Gefahr einfach nicht fühlen, die uns da verkauft wird, deshalb befasse ich mich auch nicht weiter damit und geniesse noch die letzten beiden

Tage im Hotel – in grosser Vorfreude darauf, dass ich zwei Monate später mit meiner ersten Trekkinggruppe bereits wieder hier sein werde. Deshalb fällt mir der Abschied dieses mal auch nicht schwer.

Die Welt steht still

Zurück in der Schweiz freue ich mich wieder auf den Alltag in meiner wunderschönen Gesundheitspraxis. Und natürlich auf die Vorbereitungen für das Trekking. Doch da draussen spielen sich gruselige Szenen ab. Wir dürfen im Restaurant nur noch jeden zweiten Tisch belegen, sollen uns von unseren Mitmenschen fernhalten, Veranstaltungen werden abgesagt und bereits eine Woche nach meiner Rückkehr aus meinem Paradies steht die Welt still. Ich falle aus meiner Seifenblase kopfvoran auf den Asphalt. Da ich seit vielen Jahren keine Nachrichten mehr konsumiere, habe ich tatsächlich nicht realisiert, was da auf uns zurollt und ich fühle mich gerade wie von einer Tsunamiwelle verschluckt. Ich bin noch der festen Überzeugung, dass diese Geschichte in zwei, drei Wochen wieder vorbei sein wird und beschäftige mich mit den Vorbereitungen fürs Trekking, während ich meine geliebte Praxis geschlossen haben muss. Ich fühle so viel Angst im globalen Feld, die ich nicht nachvollziehen kann, weil sich die Geschichte, die uns hier verkauft wird, so falsch anfühlt. Es beelendet mich, die Angst in den Augen der Menschen zu sehen. Und ich könnte weinen, wenn ich sehe, welche tiefe Gräben da gerade zwischen den Menschen entstehen. Wir wissen, dass Babies sterben, wenn sie keinen Körperkontakt haben und nun sollen wir uns nicht mehr berühren dürfen? Ich verstehe die Welt nicht mehr. Doch noch schlimmer als das ist momentan gerade, dass ich realisiere, dass mein erstes Trekking nicht stattfinden kann und ich wohl so schnell nicht mehr nach Marokko reisen werde. Die Grenzen werden geschlossen bleiben und erste Teilnehmer haben bereits im Vorfeld abgesagt. Mein Herz zerbricht gerade in tausend Stücke. Ich fühle mich wie im falschen Film. Es hat sich so schön und so richtig angefühlt, dieses Trekking. Und wir wären so eine unglaublich geniale Gruppe gewesen. Und ich sehne mich doch so sehr danach, wieder an diesen Ort zurück zu kehren, an dem mein Herz ein Zuhause gefunden hat.

Ein paar Tage später erfahre ich, dass einige Familien aus Mhamid, ihre Dromedare sprichwörtlich in die Wüste schicken mussten, weil kein Geld mehr für Futter vorhanden ist. Diese Nachricht trifft mich mitten ins Herz. Da muss es doch eine Möglichkeit geben, den Menschen zu helfen. Aus einem Bauchgefühl heraus verschicke ich Nachrichten an meine Familie und meine engsten Freunde, mit der Bitte um Sach- und Geldspenden. Ich werde regelrecht von einer Spendenlawine überrollt, was mich unglaublich tief berührt. Leider habe ich nicht bedacht, wie die Spenden nach Marokko kommen könnten. Ich erfahre, dass es verboten ist, Sachspenden nach Marokko zu importieren und dass die Menschen, die jetzt so dringend auf Geldspenden angewiesen sind, um Lebensmittel zu kaufen, gar kein

Bankkonto besitzen. So bleibt unsere Hilfestellung vorerst mal dabei, dass ich «meinen» Wüstenführern etwas Geld überweisen und ein Hilfsprojekt vor Ort finanziell unterstützen kann. Die vielen Sachspenden behalte ich aber vorerst einmal, denn irgendwie fühle ich, dass es eine Lösung geben wird. Damit ist unser Hilfsprojekt Stars for Future geboren, von dem wir zum jetzigen Zeitpunkt noch nicht wissen, wie gross es werden wird.

Viele Schritte zurück

Heute wäre der Tag der Abreise gewesen. Der Schmerz, der mein Herz durchbohrt, lässt sich gar nicht in Worte fassen. Ich kann kaum aufhören zu weinen und die ganze Situation ist fast nicht auszuhalten. Es fühlt sich an, als ob mir jemand ein Messer in die Brust rammt und damit noch darin rumwühlt.

Diese schmerzhaften Gefühle ziehen sich durch meinen Alltag und sind nicht gerade förderlich für die eh schon ziemlich angeknackste Beziehung zwischen Stefan und mir. Sie sind der berühmte Tropfen, der das Fass zum überlaufen bringt und das, was sich schon länger angezeigt hat, wird nun zur traurigen Wahrheit. Ich packe meine Koffer und ziehe aus. Dies ist einer der schwersten Schritte, die ich in meinem Leben gegangen bin. Stefan ist einer der wunderbarsten Menschen, die ich kenne und nun verlasse ich ihn. Mein Kopf findet diese Situation sehr skurril, doch für mein Herz ist alles klar. Vorerst kann ich bei meinem Bruder und seiner Familie unterkommen und mittlerweile darf ich auch wieder arbeiten. Doch es fällt mir sehr schwer, mich auf die Arbeit zu konzentrieren. Zu sehr blutet mein Herz über die momentane Situation. So viele Fragen, so viele Unsicherheiten, so viele Ängste. Ich fühle mich um Jahre in meiner Bewusstseinserweiterung zurückgeschleudert. Ich hatte so viele Ängste und Unsicherheiten transformiert, hatte immer ein Ziel vor Augen, das ich mit voller Herzenergie angesteuert hatte und auch immer wusste, dass ich da ankommen werde. Und nun ist nichts mehr klar. Ich habe das Gefühl, dass mir alles entgleitet. Meine Beziehung ist zerbrochen, ich habe mein wunderschönes Hexenhäuschen verlassen, die Zukunft meiner Praxis hängt an einem seidenen Faden und meine Wüstenpläne sind schon zerbrochen, bevor sie überhaupt starten konnten. Mehr und mehr verliere ich meinen Halt, meine Lebensfreude und letztendlich auch den Glauben an eine höhere Macht, die immer für mich da ist und nur das

Beste für mich will. Während dieser Zeit gibt es zwei Menschen, die unerschütterlich an meiner Seite stehen. Dies sind mein Expartner Stefan und Mohammed vom Hotel. Stefan ist nach wie vor mein Anker in meinem gerade sehr stürmischen Meer. Ich bin ihm so dankbar dafür. Und einmal mehr bewundere ich, mit welcher Selbstverständlichkeit er Situationen annehmen kann, auch wenn sie nicht einfach sind. Ich wünschte mir, wir könnten einmal miteinander über seine Gefühle reden. Es fällt mir schwer, ihn zu sehen und nicht zu wissen, wie es in ihm drin wirklich aussieht. Es gibt mir auch immer ein schlechtes Gewissen, dass er so für mich da ist und ich aber weiss, dass wir nicht mehr mehr als Freunde sein können.

Maria, ich liebe Dich

Seit meinem Auszug bei Stefan telefoniere ich täglich mit Mohammed. Er ist die Sonne, die mir in meinem eigenen Leben gerade so sehr fehlt. Die Anrufe mit ihm tun mir gut und lassen mich für einige Zeit meine Sorgen vergessen. Es fasziniert mich, welch tiefe Gespräche wir führen, obwohl wir uns in einer Sprache unterhalten, die nicht unsere Muttersprache ist. Doch wir verstehen uns. Wir verstehen uns auf einer ganz anderen Ebene. Er musste seinen Arbeitsplatz ebenfalls verlassen und ist seit dem Lockdown zu Hause. So lerne ich über unsere Anrufe sein Zuhause und seine Familie kennen. Alles wirkt so vertraut für mich, obwohl ich noch nie da war und die Menschen noch nie gesehen hatte. Ich spüre, dass ich mich beim Aufwachen schon darauf freue, wieder mit ihm zu telefonieren. Ich spüre auch, dass mein Herz jedesmal bis zum Hals klopft, wenn seine Nummer auf dem Display erscheint. Aber ich kann mir das noch nicht eingestehen. Ich bin doch gerade erst nach so vielen Jahren bei Stefan ausgezogen. Und der liegt mir immer noch so sehr am Herzen. Es kann nicht sein, dass ich mich schon wieder verliebt habe. Und erst recht nicht in einen Mann, der über 3000 km von mir entfernt wohnt. Nicht das auch noch. Doch die täglichen Anrufe, die tiefen Gespräche, die Fröhlichkeit und die Leichtigkeit in unseren Gesprächen lassen es bald nicht mehr verbergen. Und dann spricht es Mohammed aus. «Maria, I love you.» Mir bleibt das Herz stehen. Einerseits weil ich insgeheim schon so lange darauf gewartet habe, andererseits weil ich es mir nicht eingestehen kann, dass ich ihn auch liebe und weil ich wohl gerade fühle, was mit diesem Satz alles auf uns zukommen wird. Ich sage ihm: «Mohammed, love is a big word. Are you sure?». Liebe ist ein grosses Wort. Bist Du Dir sicher? Ja, er ist sich sicher. Und ich auch. Zumindest über meine Gefühle. Aber nicht über das, was uns nun alles erwarten wird.

Gebrochenes Herz

Drei Monaten nach meinem Auszug bei Stefan habe ich eine schöne kleine Wohnung gefunden. Stefan ist immer noch der Anker an meiner Seite und Mohammed und ich telefonieren immer noch täglich miteinander. Es ist schwer, einen Menschen zu lieben, der so weit entfernt lebt. Und mit den geschlossenen Grenzen besteht in nächster Zukunft auch keine Chance, dass wir uns sehen können. Das macht mich unendlich traurig. Mohammed kann die Situation besser annehmen als ich. Sein Leben hat ihn gelernt, mit dem zu gehen, was gerade ist. Ausserdem kenne ich das auch aus meiner letzten Beziehung mit Stefan. Der konnte das auch immer. Ich wünschte, ich könnte es auch.

Doch dann endlich ein erster Lichtblick. Marokko scheint die Grenzen zu öffnen. Nach zwei bereits gescheiterten Versuchen, einen Flug zu bekommen, buche ich nun einen für die Sommerferien. Sicherheitshalber frage ich eine Woche vor der Reise noch bei der Airline nach, ob der Flug auch wirklich stattfinden wird, da ja die letzten beiden Versuche gescheitert sind. Sie bestätigen mir, dass der Flug nach Marrakesch stattfinden wird. Ich bin schon ganz hibbelig darauf, endlich Mohammed wieder zu sehen und seine Familie kennenzulernen. Die Koffer sind gepackt und die Vorfreude ist riesig. Mein Herz zerspringt beinahe vor Glücksgefühlen, wenn ich daran denke, dass ich bald fliegen werde.

Gefüllt mit unendlicher Vorfreude gehe ich zur Arbeit und erzähle meinen Kunden, dass ich übermorgen früh nach Marokko fliegen werde. Ich kann es immer noch kaum glauben. Nach Feierabend, beim Aufräumen in meiner Praxis, schaue ich auf mein Telefon und sehe eine Nachricht der Airline. Ich lese sie durch und spüre, wie sich der Boden unter mir öffnet und ich sprichwörtlich zusammenbreche. Sie haben mir geschrieben, dass der Flug storniert wurde. Wieder und wieder lese ich die Nachricht, weil es mir wie ein schlechter Witz vorkommt. Aber tatsächlich ist es so, dass ich in 36 Stunden nicht nach Marokko fliegen werde. Mein ganzes System bricht zusammen. Mein Körper verkrampft sich, höllische Schmerzen breiten sich aus, ich kann nicht mehr aufhören zu weinen. Es fühlt sich an, als ob ich gleich sterben würde. Ich rufe Mohammed an. Seine Augen sprechen Bände, als ich ihm sage, dass ich nicht kommen werde. Er versucht, mich zu beruhigen und bittet mich, meine Freundin Laura anzurufen, damit sie zu mir kommt. Wenig später steht sie bei mir in der Praxis. Ich lege mich auf den Boden und sie versucht, mich zu beruhigen und meinen Körper zu entspannen. Noch nie zuvor hatte ich solche Schmerzen gespürt. Mein Herz zieht sich zusammen und dehnt sich wieder aus. Und bei jedem Ausdehnen fühlt es sich an, als ob es jemand mit einem Dolch durchbohrt. Ich habe wirklich Angst, dass ich an dem Schmerz, den ich gerade in meinem Herzen spüre, sterben werde.

Laura redet auf mich ein und massiert meine Füsse. Ich beruhige mich langsam und als ich wieder etwas stabiler bin, gehe ich nach Hause und versuche zu schlafen. Dieses Erlebnis hat mir nach dem Lockdown erneut viel Vertrauen genommen. Vertrauen in meine Klarheit – ich war mir so sicher, dass es dieses mal klappt – und Vertrauen in die geistige Welt, die mich gefühlt im Stich gelassen hat. Doch da ist noch immer dieser Funke in meinem Bauch. Dieser Funke, der mich in dunkeln Zeiten immer daran erinnert, dass das Feuer noch brennt. Wenn auch nur als ganz kleiner Funke, aber er ist noch da. Ich brauche lediglich etwas Holz nachzulegen. Doch es wird zunehmend schwieriger, Holz zu finden. Die globalen Ereignisse und Energien beschäftigen mich mehr, als ich gerne hätte. Und auch meine persönliche Situation erscheint mir gerade sehr hoffnungslos und fremdgesteuert. Ich bin es nicht gewohnt, dass andere Menschen über mich entscheiden. In der Vergangenheit habe ich immer Lösungen gefunden, meinen eigenen Weg zu gehen, auch wenn andere gerne für mich entschieden hätten. Doch dieses mal ist alles anders. Dieses mal liegt mein grösster Wunsch - Mohammed und seine Familie zu sehen – in fremden Händen. Aber ich möchte noch nicht aufgeben. Und er auch nicht. Wir motivieren uns gegenseitig, die momentane Situation auszuhalten und um neue Lösungen zu bitten.

Da Mohammed nach wie vor nicht in seinem Beruf arbeiten kann, weil die Touristenbranche gänzlich zusammengebrochen ist, versucht er mit Arbeiten auf dem Feld ein wenig Geld zu verdienen. Er erntet Melonen und Mandarinen für einen Hungerlohn und zieht Hühner auf, um sie später zu verkaufen. Ich kann das fast nicht mit anschauen. Mehr und mehr erfahre ich unter welchen Umständen die Menschen in Marokko leben müssen. Gerne würde ich die Familie finanziell unterstützen. Aber mein Bankkonto sieht zurzeit auch nicht besonders rosig aus.

Das Umfeld und die Behörden

Wir stellen fest, dass sich die globale Situation und somit die Möglichkeit, baldmöglichst nach Marokko zu fliegen, in naher Zukunft nicht verbessern wird. Unter diesen Umständen sind auch für Mohammed die Aussichten auf eine regelmässige Arbeit eher düster. So bleibt uns noch eine letzte Hoffnung. Wir möchten ein Touristenvisum beantragen, dass Mohammed mich in der Schweiz besuchen kommen darf. Dann könnten wir wenigstens zusammen sein und diese schrägen Zeiten gemeinsam durchstehen. Denn das dauernde Vermissen und die Sehnsucht sind echt zermürbend. Voller Zuversicht stellen wir die nötigen Dokumente zusammen. Mein Umfeld ist diesbezüglich nicht so zuversichtlich und wohlwollend wie ich es mir gewünscht hätte. Viele kennen noch jemanden, der noch jemanden kennt, dessen Mutter ihre Tochter noch jemanden kennt, der jemanden kennt, der auch mal mit einem Araber zusammen war, geheiratet hat und jetzt wieder geschieden ist. Wer hat denn von Heirat geredet? Ausserdem, das weiss auch noch jemand, könnte es sein, dass Mohammed aus Kreisen kommt, die mir gefährlich werden oder mich gar umbringen könnten. Ach ja, und dann gibt es ja noch die, die zuerst unglaublich nett sind, und sobald sie verheiratet sind, ihr wahres Gesicht zeigen. Nochmal: von Heirat hat niemand geredet. Ist es ok, dass wir wie andere Paare auch das Bedürfnis haben, uns nah zu sein und uns kennenzulernen? So richtig. Im Alltag. Und gibt es nicht auch Paare, die die gleiche Herkunft und denselben Glauben haben, die sich scheiden lassen? Die

Vorurteile prasseln wie schmerzhafte Pfeile auf mich herein. Natürlich bin ich mir all dessen auch bewusst. Aber ist es nicht immer ein «Risiko», wenn wir eine Partnerschaft eingehen? Kann nicht immer etwas passieren oder schief gehen? Und weshalb kann es nicht einfach auch gut ausgehen? Weshalb müssen wir von vornherein vom Schlimmsten ausgehen? Ich weiss, wir haben das so gelernt. Ich habe aber in meinem Leben auch gelernt, dass ich mir alles zuerst mit meinen eigenen Augen ansehe oder eben auch etwas ausprobiere, wenn mein Herz danach ruft, bevor ich mir eine Meinung bilde. Es stimmt, dass diese Lebensweise immer ein Risiko birgt. Aber ich gehe lieber dieses Risiko ein und weiss am Ende meines Lebens, dass ich MEIN Leben gelebt habe und mich nicht aus Angst vor möglichen Konsequenzen dem Leben gegenüber verschlossen habe. So bin ich also auch bereit, dieses Risiko einer neuen Partnerschaft einzugehen und lasse offen, wie sie sich entwickelt. Denn da ist ein Mensch, den ich liebe, den ich schmerzlich vermisse und mit dem ich gerne zusammen sein möchte.

So stellen wir trotz allen Unkenrufen die benötigen Dokumente zusammen. Ich bin erschüttert darüber, was alles verlangt wird. Wir müssen komplett blankziehen. Es werden sogar Kopien von unseren gegenseitigen Nachrichten verlangt, die beweisen, dass wir uns lieben. Ich schlucke dieses Gefühl von tiefster Erniedrigung herunter und stelle weiter alle Dokumente zusammen. Auch Mohammed trägt alle Informationen zusammen, die von ihm verlangt werden.

Als wir endlich alles beisammen haben, bekommt er einen Termin bei der Botschaft in der Hauptstadt. Er fährt zehn Stunden mit dem Bus dorthin, im Gepäck den Stapel Papiere für die Behörden. Bereits um vier Uhr morgens ist er dort, weil das die einzige Verbindung war, damit er den Termin wahrnehmen kann. Er legt sich am Busbahnhof auf den Boden und schläft ein bisschen, bis es endlich soweit ist. Schon verrückt. Wir würden am Vortag ins Auto steigen, im bequemen Hotelbett übernachten, um dann pünktlich zum Termin zu erscheinen. Er kann das nicht.

Dann endlich ist es soweit. Unsere Herzen klopfen bis zum Hals. Wir wissen ja überhaupt nicht, wie der weitere Ablauf sein wird. In unseren Gedanken haben wir es natürlich einige male so durchgespielt, dass er die Unterlagen bringt, der Beamte alles prüft und ihm dann das Visum mitgibt. In der Realität sieht aber alles etwas anders aus. Als das Telefon klingelt, sehe ich gleich beim Abheben in seinen Augen, dass es etwas anders gelaufen ist, als wir uns gedacht haben. Er musste lediglich die ganzen Papiere abgeben und kann sich nun wieder auf seine zehnstündige Heimreise machen. Der zuständige Beamte würde sich bei ihm melden. Natürlich sind wir enttäuscht. Aber die Hoffnung, dass Mohammed das Visum bekommt, sobald die Dokumente geprüft wurden, ist immer noch gross. Er fährt nach Hause und ich bin froh, als ich die Nachricht bekomme, dass er wieder gut zu Hause angekommen ist. Was für ein Marathon, um ein paar Papiere abzugeben.

Eine Woche später klingelt mein Telefon. Freudestrahlend erzählt mir Mohammed, dass sich das Konsulat gemeldet hat und er einige Tage später wieder einen Termin dort hat. Die Freude bei uns ist riesig, denn wir gehen davon aus, dass er dann das Visum abholen kann. Die hätten ihm doch sonst bereits am Telefon mitgeteilt, wenn es abgelehnt worden wäre.

Also wieder zehn Stunden Busfahrt in die Hauptstadt. Ich bin bereits in Feierlaune und kann es kaum erwarten, bis endlich das Telefon klingelt. Die Feierlaune stirbt just in dem Moment, als ich Mohammeds Gesicht sehe. Abgelehnt. Bei diesem fünfminütigen Termin hat er die ganzen Papiere wieder zurück erhalten mit der Aussage, dass das Visum nicht erteilt wird. Erneut brechen unsere Welten und unsere Herzen in tausend Stücke. Die grosse Hoffnung auf ein Wiedersehen und auf eine gemeinsame Zeit ist mit einem Schlag zerplatzt. So, wie wenn Du eine Stecknadel in einen prall gefüllten Luftballon stösst. Nach der zehnstündigen Heimfahrt ist alles wieder wie vorher. Er dort, ich hier und keine Aussicht auf ein Wiedersehen. Wie war das nochmal mit dem Vertrauen und dem Funken im Bauch? Viel ist davon nun definitiv nicht mehr vorhanden. Die bestimmt gutgemeinten Ratschläge aus dem Umfeld helfen mir gerade auch nicht über meine Trauer hinweg. Im Gegenteil. Ich kann es ehrlich gesagt nicht mehr hören, denn sie tun so unfassbar weh.

Auf dem Absagepapier lese ich, dass gegen den Entscheid Einsprache erhoben werden kann und das Verfahren danach über die Schweiz laufen würde. Natürlich möchten wir keine Chance ungenutzt lassen und ziehen die Sache weiter. Leider zerschlagen sich sämtliche Einsprachen und die Begründungen der Ablehnungen sind an Menschenunwürdigkeit kaum mehr zu überbieten.

Ein Wunsch wird wahr

Inmitten dieses Behördenkrimis, der unsere Herzen mit weiteren Wunden übersät, zeigt sich jedoch ein anderer Lichtblick: es scheint, dass Flugreisen nach Marokko bald wieder möglich sein werden. Nach neun langen Monaten. Wir können unser Glück kaum fassen. Ich habe ganz kurzfristig einen Flug für nächste Woche gebucht und bete jeden Tag, dass er dann auch stattfinden wird. Die Tage schleichen dahin und ich bin so unglaublich angespannt. Zu viele Hoffnungen haben sich in den letzten Monaten zerschlagen. Mein Vertrauen hat einen gehörigen Knick bekommen.

Und dann endlich ist es soweit. Ich warte folgsam maskiert auf meinen Flug. Ja, dafür werfe ich sogar meine Prinzipien zu meiner Meinung der aktuellen Auflagen in der Welt über Bord, zieh mir so ein Ding rüber und hab mich testen lassen. Der Flug zieht sich gefühlt endlos dahin. Und ich bin immer noch total angespannt, denn ich glaube erst daran, dass wirklich alles klappt, wenn ich raus aus dem Flughafen bin.

Und dann ist der Moment endlich gekommen. Mit einem Glücksgefühl im Herzen, für das es keine Worte gibt, atme ich den Duft Marokkos ein. Doch er ist nicht mehr derselbe wie bei den letzten Besuchen. Der Verkehr ist fast gänzlich zum Erliegen gekommen, die Taxis vor dem Flughafen sind auf ein Minimum reduziert und die Menschen sind viel ruhiger als vor diesem globalen Grossereignis. So ist es ein Leichtes, meinen Taxifahrer zu finden, der mich zum verabredeten Parkplatz in Marrakesch fährt, an dem Mohammed auf mich wartet. Er konnte wegen den aktuellen Auflagen nicht zum Flughafen nach Casablanca kommen. Hier sind die Bedingungen noch skurriler als bei uns. Nach einer gefühlten Ewigkeit treffen wir endlich ein. Mein Herz schlägt bis zum Hals. Und als ich Mohammed sehe, strahlt er mir entgegen und lässt die Sonne in mir wieder leuchten. Genau das ist es, was ich unter anderem so sehr an ihm liebe. Dieses Strahlen. Und das Leuchten in seinen Augen. Ich öffne gefühlt die Beifahrertüre bereits, bevor der Taxichauffeur gestoppt hat. Wir fallen uns in die Arme, obwohl uns das eigentlich aufgrund seiner Kultur und aufgrund der aktuellen Situation untersagt wäre. Doch wenn sich zwei Herzen, die sich lieben, nach einer gefühlten Unendlichkeit wieder sehen, geraten gewisse Auflagen kurzfristig in Vergessenheit.

Die Freude und die Aufregung lassen sich nicht in Worte fassen. Wir schauen uns an und können es beide kaum fassen, dass wir uns endlich wieder sehen und in die Arme nehmen dürfen. Ein Gefühl von purem Glück durchströmt meinen Körper. Dann machen wir uns auf, um endlich in Mohammeds Dorf zu kommen. Er sitzt auf dem Beifahrersitz neben seinem Freund, der fährt. Ich sitze hinter ihm auf der Rückbank. Am liebsten würde ich ihn auf dem dreistündigen Weg die ganze Zeit halten. Ich weiss aber, dass es sich in Marokko nicht gehört, das zu tun. Heimlich berühren sich ab und zu unsere Hände, aber mehr öffentliche Zuneigung ist leider nicht drin. Am späteren Nachmittag treffen wir endlich im Hotel ein, welches ich gebucht habe. Mohammed hat den Besitzer im Vorfeld besucht, um abzuchecken, ob ich da auch ja in guten

Händen bin. Und ausserdem hat er es geschafft, dass wir beide dort übernachten dürfen, obwohl wir nicht verheiratet sind. Was für uns hier in Europa selbstverständlich ist, ist in Marokko komplett anders. Wenn wir erwischt würden, könnte es sein, dass Mohammed unsere Liebe mit einem Gefängnisaufenthalt bezahlt und der Hotelbesitzer sein Hotel schliessen muss. Im schlimmsten Fall könnte es auch für mich Konsequenzen haben. Doch wir denken überhaupt nicht daran, dass uns was passieren könnte. Ich fühle auch tief in mir, dass wir sicher und beschützt sind.

Wir haben uns viel zu erzählen und wir geniessen es so sehr, dass wir nebeneinander sitzen können und nicht durchs Telefon miteinander sprechen müssen. Ich habe tausend Fragen, wie es denn morgen ablaufen wird, wenn wir Mohammeds Familie besuchen werden. Was soll ich anziehen? Wie darf ich Hallo sagen? Darf ich seine Familie umarmen? Wie muss ich mich benehmen? Mohammed lacht und meint: «Sei einfach Du selbst.» Der hat gut lachen. Ich treffe morgen seine Familie zum ersten mal. Noch nie zuvor war ich bei einer marokkanischen Familie zu Hause und hab keine Ahnung, wie es da so läuft. Ich kenne die Traditionen nur vom Hören sagen. Also das, was man mir in meiner Welt so alles erzählt hat. Und mittlerweile weiss ich ja, dass die Realität anders ist, als das, was uns erzählt wird.

Bevor wir uns erschöpft, aber glücklich schlafen legen, frage ich noch, um welche Zeit wir morgen los müssen. Schliesslich muss ich als pünktliche Schweizerin den Wecker stellen und einplanen, wieviel Zeit wir benötigen. Er teilt mir mit, dass er seinem Bruder gesagt hat, er soll um zehn Uhr das Frühstück bereitstellen. Wunderbar. Dann wünsche ich jetzt eine gute Nacht.

Ich kann kaum schlafen. Da sind so viele Gefühle. Glück und Freude über das Wiedersehen. Vorfreude, Nervosität und Unsicherheit über das bevorstehende Treffen mit Mohammeds Familie. Und ein mulmiges Gefühl aufgrund der globalen Situation, von der ich nicht einschätzen kann, wie sie hier genau gehandhabt wird. Irgendwann schlafe ich dann doch ein – total erschöpft von der Reise und von dieser Gefühlsachterbahn.

Ich treffe die Familie

Um halb sieben bin ich bereits hellwach. Mohammed kann es nicht glauben und fragt mich, was denn mit mir los sei. Ich sag ihm, dass ich jetzt einen Kaffee trinken, dann unter die Dusche und dann die Geschenke für die Familie parat machen muss und es dann bald mal Zeit ist, zu gehen. Schliesslich haben wir um zehn Uhr zum Frühstück abgemacht. Er schüttelt lachend den Kopf und sagt mir, ich soll mich entspannen, ich sei jetzt in den Ferien. Aber wie soll ich mich denn entspannen, wenn wir um zehn Uhr bei ihm zu Hause sein müssen und er sich noch einmal schlaftrunken umdreht? Nachdem ich festgestellt habe, dass es kein Frühstück im Hotel gibt (ich bin die einzige Touristin), entscheide ich mich, erstmal zu duschen, dann die Geschenke zusammen zu packen und zu hoffen, dass sich Mohammed bis dann auch aus dem Bett bewegt hat.

Ich wäre jetzt eigentlich startklar und die Uhr zeigt mir, dass wir in einer halben Stunde dort sein müssen. Vor uns liegen ja auch noch etwa 15 Minuten Taxifahrt plus die Zeit, die wir einrechnen müssen, um überhaupt ein Taxi zu finden. Denn die sind gerade Mangelware, weil nur wenige Einheimische unterwegs sind und ich gefühlt die einzige Touristin im Land bin. Ach und dann wurde mir vor ein paar Minuten noch offenbart, dass wir zuerst noch zur Polizei müssen, um mich anzumelden. Also jetzt werde ich echt langsam ungeduldig. Wir werden es niemals schaffen, pünktlich bei Mohammeds Familie zu sein. Da hinterlasse ich ja am ersten Tag schon einen ganz tollen Eindruck. Mohammed meint ganz gelassen, dass das hier mit der Pünktlichkeit nicht so genau sei. Kurz vor zehn verlassen wir endlich das Hotel. Die Schweizerin in mir muss hier nochmals erwähnen, dass der ursprüngliche Plan der war, dass wir um zehn Uhr zum Frühstück zu Hause abgemacht hatten. Und wie schon gesagt, es dauert länger als gewohnt, bis wir ein Taxi finden. Endlich treffen wir am Taxisammelplatz in Mohameds Dorf ein. Von dort aus sind es nochmal einige Minuten bis zur Polizei. Er schwenkt fröhlich seine Arme und tänzelt die Strasse entlang, während ich ihm ziemlich angespannt folge. Die Menschen sehen hier im Dorf wohl nicht oft Touristen. Schon gar nicht jetzt in dieser Zeit, in der das Reisen verpönt ist. Ich scheine eine kleine

Sensation zu sein. Dann treffen wir endlich beim Polizeiposten ein. Mein Herz schlägt bis zum Hals und ich weiss nicht, wie ich mich verhalten soll. Denn ich weiss nicht, was nun geschieht. Ob alles glatt läuft oder ob es Probleme geben wird? Wir sind nicht verheiratet und die ganze Welt spielt grad verrückt wegen diesem Virus, von welchem sie hier Angst haben, dass ich es herbringe. Doch meine Sorgen sind komplett unbegründet. Zwar hat die ganze Prozedur – was auch immer sie gemacht haben – eine gefühlte Ewigkeit gedauert, aber nun ist alles erledigt und wir machen uns endlich auf den Weg zu Mohammeds Haus. Wir haben bereits jetzt schon mehr als eine Stunde Verspätung und ich weiss nicht, wie lange wir noch unterwegs sein werden. Mohammed ist immer noch total entspannt, fröhlich und strahlt vor sich hin wie ein Honigkuchenpferd. Das wirkt ansteckend und so werden mein schlechtes Gewissen über die Verspätung, die Aufregung während der Zeit auf dem Polizeiposten und die Nervosität über das bevorstehende Treffen mit der Familie auf ein Minimum reduziert.

Ich schaue mich um und stelle erstaunt fest, dass es sich hier um ein ganz «normales», marokkanisches Städtchen handelt. Denn Mohammed hat mich vorgewarnt und mir gesagt, dass seine Familie arm sei und sie in einem kleinen Haus ohne fliessendes Wasser und ohne Strom leben. Nach einigen Minuten Fussmarsch erreichen wir den Stadtrand und auf der anderen Seite der Strasse meine ich, Tierställe entdeckt zu haben. Ich denke mir, dass da wohl ein Bauer wohnt, der ziemlich viele Tiere hat. Wir überqueren die Strasse und Mohammed steuert auf einen dieser «Ställe» zu. In diesem Moment realisiere ich, dass das keine Tierställe sind, sondern dass da Menschen wohnen. Unter anderem auch Mohammed und seine Familie. Mein Herz bleibt fast stehen und ich bin froh, dass er nicht hören konnte, was ich zuvor gedacht habe. Wir steuern auf ein kleines weisses Lehmhaus zu.

Schon von draussen ruft Mohammed nach seiner Familie. Sie wissen nicht, dass er mich mit im Gepäck hat. Seine Mutter kommt aus dem Haus und als sie mich entdeckt, entwischt ihr ein lauter Freudenschrei, der Mohammeds drei Geschwister ebenfalls aus dem Haus rennen lässt. Ich werde umarmt, geküsst und so freudig begrüsst, wie ein Familienmitglied, das nach langer Zeit nach Hause zurückgekehrt ist. Liebevoll und fröhlich werde ich in den Garten geschubst, wo eine Decke ausgebreitet wird, damit ich mich setzen kann, und dann steht auch gleich ein Tischchen vor mir, welches augenblicklich mit Früchten, Nüssen, Omeletten, Oliven, Tee und vielen anderen leckeren Sachen gefüllt wird. Marhaban Maria. Herzlich willkommen in unserem Zuhause. Und ich fühle mich wirklich wie zu Hause. Noch nie in meinem Leben war ich an diesem Ort. Noch nie zuvor hatte ich diese Menschen gesehen. Doch ich bin soeben nach Hause gekommen. So sitze ich hier im Garten mit diesen eigentlich mir fremden Menschen, doch alles fühlt sich so vertraut an. So, als ob ich mein Leben lang darauf gewartet hätte, diesen Ort und diese Menschen zu finden. Ich verstehe überhaupt nichts mehr.

Mittlerweile, seit meinem ersten Moment in der Sahara, sind ja schon so viele Dinge passiert, die ich nicht verstand. Aber das hier, das übertrifft alles. Ist es die rosarote Brille, die mir alle andrehen wollen? Ist es alles nur ein Hirngespinst? Nein, das ist fernab der rosaroten Brille. Fernab eines Hirngespinstes. Das ist eine Realität, die selbst ich bisher nicht kannte. Obschon ich ja schon einige Sachen erlebt habe, die sich ein wenig spooky anfühlten. Doch noch komme ich nicht dazu, das alles einzuordnen. Denn jetzt ist erst mal essen angesagt.

Nach dem Frühstück zeigt mir Mohammed sein Zuhause. Ein kleiner dunkler Raum mit Stehtoilette dient gleichzeitig auch als Badezimmer. Eine Dusche sucht man vergebens. Sie waschen sich, indem sie sich das Wasser aus einem Plastikeimer über den Körper leeren. Im Sommer mag das ja angenehm sein, doch jetzt im November ist es ziemlich kühl und das Haus ist weder isoliert noch beheizt. Ich lerne gerade den Wert unserer Badezimmer neu kennen. Das Wasser wird ihnen ein- bis zweimal pro Woche in einem Anhänger, der unserem Güllewagen gleicht, auf den Platz gestellt und die Bewohner des Quartiers füllen es mit Schläuchen in Regenfässer und Benzinkanister ab.

Mohammed führt mich in die kleine Küche, in der ein Kühlschrank steht. Er öffnet ihn und fragend stelle ich fest: »Der ist ja gar nicht kalt?». Mohammed grinst und sagt: «Maria, ich habe Dir doch schon öfters erzählt, dass wir keinen Strom haben.». Am liebsten würde ich im Erdboden versinken. Manchmal sollte ich zuerst das Hirn einschalten, bevor ich rede. Mohammed trägt es mit Fassung. Aber wozu denn ein Kühlschrank? Er erklärt mir, dass er von der Strassenlampe, welche direkt bei seinem Haus steht, einen Abzweiger gemacht hat. So haben sie wenigstens nachts Strom, wenn die Stadt die Lichter anstellt. Dann gefrieren sie mit Wasser gefüllte Pet-Flaschen ein, welche tagsüber als Kühlelemente dienen. Ein Kühlschrank ist für sie purer Luxus. Mohammed hat diesen mit einem seiner ersten Verdienste in der Tourismusbranche für seine Mutter gekauft. Weiter geht der Rundgang ins Schlafzimmer der Frauen. Dort steht ein viertüriger Schrank, der das ganze Leben von sechs erwachsenen Menschen beinhaltet. Ich frage nach den Betten und Mohammed erklärt mir, dass sie auf dem Boden schlafen. Das letzte Zimmer ist das Wohnzimmer und zugleich das Schlafzimmer der Männer. Sozusagen eine 2 ½ Zimmer-Wohnung ohne Strom und fliessendes Wasser für 6 erwachsene Menschen. Mein Herz zieht sich zusammen und ich muss mich beherrschen, dass ich nicht anfange zu weinen. Das hebe ich mir für später im Hotel auf. Nach der Hausbesichtigung setzen wir uns wieder alle in den Garten. Mohammed muss kurz zum Souk, um etwas fürs Abendessen einzukaufen. Währenddessen versuche ich, mich mit seinem Bruder Amin zu unterhalten. Er ist ziemlich schüchtern und traut sich kaum, englisch mit mir zu sprechen, weil er denkt, er kann es nicht gut genug. Ich erkläre ihm, dass Englisch auch nicht meine Muttersprache ist und dass er es viel besser kann, als er denkt. Da fängt er an zu strahlen und erzählt mir von seiner Arbeit. Auch Mohammeds Schwester Hanane und sein anderer Bruder Yassin sprechen ein paar Worte englisch und französisch und so können wir uns erstaunlich gut verständigen, bis Mohammed vom Souk zurück ist. Er flüstert mir ins Ohr, dass er ganz überrascht sei, dass seine Brüder hier mit uns im Garten sitzen und sich auch noch mit mir unterhalten. Normalerweise würden sie die Flucht ergreifen, wenn Besuch kommt.

Anscheinend hat das Buschtelefon bereits geklingelt, denn auf einmal füllt sich der Garten mit Tanten, Cousinen und Cousins von Mohammed, die mich alle kennenlernen wollen. Alle begrüssen mich, als ob ich schon längst Teil ihrer Familie wäre. Es wird auf dem Feuer gekocht, im Lehmofen gebacken, in der Tajine frittiert und ganz viel gegessen, geredet und gelacht. Selbstverständlich darf die traditionelle Teezeremonie nicht fehlen. Und dazwischen werden auch noch das Geschirr und die Wäsche gewaschen. Natürlich alles von Hand.

So verbringe einen fröhlichen Tag bei und mit diesen Menschen, die ich eigentlich gar nicht kenne und mich trotzdem vom ersten Moment an schon zugehörig fühle. Materiell gesehen haben sie im Vergleich zu uns nichts. Doch die Lebensfreude, die Geselligkeit, die Herzlichkeit und die Gastfreundschaft sind herzerwärmend.

Abends im Hotel übermannen mich die Emotionen dieser vielen verschiedenen Eindrücke und Erlebnisse. Ich bin schockiert und traurig darüber, dass es in der heutigen Zeit noch Menschen gibt, die so leben müssen. Und ich weiss, dass es welche gibt, denen es noch viel schlechter geht. Man sieht und hört so viel aus den Medien. Doch wenn Du es mit eigenen Augen siehst, ist es noch einmal ganz anders. Gleichzeitig bin ich aber unfassbar glücklich über diesen schönen Tag. Dass sie mich so ganz ohne Erwartungen aufgenommen haben und mir das Gefühl gegeben haben, ein

Teil von ihnen zu sein. Und ich spüre, dass mit diesem Tag meine Zerrissenheit noch grösser wurde, weil ich nun noch weniger weiss, wohin ich gehöre. Ist es die Schweiz? Ist es Marokko? Ich weiss es nicht. Weinend schreibe ich all die Eindrücke in mein Tagebuch, welches mich seit meinem ersten Wüstenbesuch bei jeder Reise begleitet. Mohammed fragt mich, weshalb ich weine. Ich versuche es ihm zu erklären. Er will mich trösten und sagt, dass doch alles okay sei. Sie haben Essen und ein Dach über dem Kopf. Das sei das Wichtigste. Und alles andere werde sich zeigen. Alles andere liege in Allahs Händen. Wir reden noch bis spät in die Nacht über seine und meine Kultur und unsere Traditionen. So viele Unterschiede und trotzdem auch so viel Gleiches. Erschöpft, aber irgendwie trotzdem total glücklich schlafe ich ein.

Der Handlanger vom Bürgermeister

Nach einer unruhigen Nacht wachen wir heute später auf. Mohammed besorgt Kaffee und bringt ihn ins Zimmer. Der tut mir jetzt so richtig gut, denn ich bin immer noch ziemlich gerädert von den vielen Eindrücken von gestern und dem unruhigen Schlaf.

Nachdem mir Mohammed das Städtchen gezeigt hat, in dem unser Hotel ist, machen wir uns wieder auf den Weg zur Familie. Er fragt mich, ob ich Lust habe, heute mit dem öffentlichen Bus zu fahren. Dies sei das Transportmittel, das die Menschen benutzen, die sehr wenig Geld haben. Natürlich nehmen wir den Bus. Schliesslich möchte ich das echte Leben hier kennen lernen. Der Bus ist bis auf den letzten Platz gefüllt und wir suchen einen Stehplatz hinten im Gang. Ich stehe mit dem Rücken zu den Menschen und kann ihre Blicke deutlich fühlen. Ich frage Mohammed, ob ich mir das nur einbilde. Grinsend erklärt er mir, dass Touristen nie mit diesem Bus fahren würden und mich die Menschen deshalb so anstarren.

Mohammeds Familie erklärt ihn für verrückt, weil er mit mir im Bus hergefahren ist. Sie denken, das sei quasi zu wenig nobel für mich. Ich lache und erkläre ihnen, dass es Spass gemacht hat und ich mich freue, solche Erfahrungen zu machen. Sie denken wohl, dass ich offensichtlich genau so verrückt bin wie ihr Sohn und Bruder.

Auch heute besorgt Mohammed wieder frische Lebensmittel vom Souk. Während er weg ist, höre ich, dass ein Mofa hinter dem Gartenzaun anhält. Es kommt jedoch niemand in den Garten. Kurze Zeit später höre ich, wie Mohammeds Mutter mit einem Mann spricht. Ich spüre instinktiv, dass sie über mich reden. Ich spüre auch, dass es nicht ein gewöhnliches Gespräch ist. Mohammeds Schwester Hanane sitzt neben mir, spitzt die Ohren und verdreht ab und zu die Augen. Ich versuche, herauszufinden, was los ist. Doch leider kann sie es mir nicht erklären, weil ihre Englischkenntnisse dafür nicht reichen. Ich bin total angespannt und hoffe, dass Mohammed bald kommt. Ich möchte auf keinen Fall, dass die Familie wegen mir Probleme bekommt. Dann endlich ist er zurück.

Ich höre ihn wild diskutieren und dann kommt er ziemlich gereizt in den Garten. Er bittet mich, ihm meinen Pass und das Zertifikat meines Tests zu geben, den man aktuell braucht, um zu reisen. Auf meine Frage, was denn los sei, antwortet er, dass der Handlanger vom Bürgermeister alles über mich wissen wolle. Wer ich sei, woher ich komme, wie lange ich bleibe und ob ich denn gesund sei.

Ich fühle mich schlecht, weil ich Angst habe, dass die Familie nun Probleme hat wegen mir. Doch Mohammed erklärt mir, dass das hier normal sei und ich mir keinen Kopf machen soll. Dazu habe ich auch gar keine Zeit, denn kurz darauf, treffen auch schon wieder seine Tante, die Cousinen und Cousins ein. Heute steht das traditionelle marokkanische Gericht Couscous auf dem Menuplan. Es wird gekocht, gesiebt und gerührt und alles wieder von vorn. Ich bin beeindruckt, wie viele Arbeitsgänge nötig sind, um echten Couscous zu kochen. Die Frauen bereiten eine riesige Schüssel zu, die auf den Tisch gestellt wird, um den sich alle Gäste versammeln, um gemeinsam aus der gleichen Schüssel zu essen. Sie alle essen von Hand. Ich bevorzuge ganz europäisch den Löffel.

Ich erlebe in diesen Tagen so viel Fröhlichkeit, Zusammenhalt und Liebe, wie niemals zuvor. Und das in diesem Land, von dem ich vor noch gar nicht allzu langer Zeit ein komplett gegenteiliges Bild und so viele Ängste hatte. Danke, meine über alles geliebte marokkanische Familie. Ihr habt mein Herz und meinen Horizont so unfassbar erweitert und mir ein Nest voller Geborgenheit geschenkt. Ich bin froh und auch ein wenig stolz, dass ich mich trotz den vielen Unsicherheiten aufgemacht habe, meinem Herzen zu folgen. Mich mutig aufgemacht habe, mir selbst ein Bild zu machen und so Vorurteile abzubauen. Und als Krönung zu alledem, hat sich hinter all diesen Ängsten ein Geschenk verborgen, welches unbezahlbar ist. Ich habe meine Herzensheimat gefunden. Und nicht nur das. Meine Herzensheimat hat mir auch gleich noch eine Herzensfamilie mitgeliefert.

Dankbarkeit bezeichnet nur einen Bruchteil dieses Gefühls, welches mich erfüllt. Das sind Geschenke, die weder erklärt noch beschrieben werden können. Diese kannst Du lediglich fühlen und erleben. Denn sie sind Geschenke des Herzens.

Und dies war erst der Anfang meiner Reise durch die schönsten Himmel und die tiefsten Täler.

Unter mir liegt Agadir...

Deine Seele kennt den Weg...